碳中和与汽车

中国汽车产业的零碳之路

刘 斌 ◎ 著

CARBON NEUTRALIZATION AND
AUTOMOBILE

CHINA'S AUTOMOBILE INDUSTRY ZERO CARBON ROAD

为厘清汽车碳排放，本书将汽车碳排放划分为汽车生产碳排放、汽车行驶碳排放和汽车上下游碳排放三类；运用需求/产业预测、情景设置、排放分析三个模块，对当前汽车碳排放以及基线情景、双碳情景下的未来汽车碳排放进行了预测分析；针对汽车碳排放的重要排放源，从低碳制造、低碳交通、低碳材料、低碳能源四个维度探讨减碳的技术路径、减排成本、责任主体和措施建议；畅想了双碳目标下的汽车新生态，结合国际零碳汽车相关政策和国内外汽车企业的碳中和目标，围绕我国的汽车零碳之路，提出了汽车产业实现碳达峰、碳中和目标的路径与政策建议。

本书适合汽车行业从业人员作为科普读物阅读，更适合汽车行业企业管理人员、双碳研究人员、汽车政府管理部门、关心交通领域减碳的研究人员作为产业研究的读物，也适合汽车、交通等领域高等院校教师和学生参考学习。

图书在版编目（CIP）数据

碳中和与汽车：中国汽车产业的零碳之路／刘斌著．—北京：机械工业出版社，2023.3（2025.1重印）
ISBN 978-7-111-72629-6

Ⅰ.①碳⋯ Ⅱ.①刘⋯ Ⅲ.①汽车工业-节能-研究-中国 Ⅳ.①F426.471

中国国家版本馆CIP数据核字（2023）第028886号

机械工业出版社（北京市百万庄大街22号 邮政编码100037）
策划编辑：母云红　　　　责任编辑：母云红
责任校对：张亚楠　张　薇　责任印制：常天培
固安县铭成印刷有限公司印刷
2025年1月第1版第2次印刷
169mm×239mm・12.5印张・188千字
标准书号：ISBN 978-7-111-72629-6
定价：99.00元

电话服务　　　　　　　　网络服务
客服电话：010-88361066　机 工 官 网：www.cmpbook.com
　　　　　010-88379833　机 工 官 博：weibo.com/cmp1952
　　　　　010-68326294　金 书 网：www.golden-book.com
封底无防伪标均为盗版　　机工教育服务网：www.cmpedu.com

序一

释放汽车产业的零碳动能

日前,中国汽车技术研究中心刘斌送来其力作《碳中和与汽车:中国汽车产业的零碳之路》,邀我写序。尽管手头事情较多,但出于对路面交通净零碳的关注和信念,便做出应承,挤出时间,仔细研读。作者刘斌对汽车领域情况之了解、积淀之深厚、分析之全面、信息之丰富、把控之精准,无疑是碳中和协奏曲中的悦耳音符,是零碳转型的行动参考。

由于长期从事应对气候变化的经济学研究,从20世纪90年代的减缓,到21世纪00年代的低碳,到10年代的碳中和,及至20年代的净零碳,在工业、交通、建筑三大重点领域,在我的认知中,交通低碳似乎最为艰难。因为工业和建筑节能可以通过大幅提升能效来实现低碳,而交通,尤其是路面交通,通过提升燃油效率来减碳,成本高昂、效能有限。21世纪初参与低碳交通研讨时,悉知通过提升汽车燃油效率减排一吨二氧化碳,成本可高至数千元。因而在政策领域,多从消费侧入手,倡导少开一天车,选用公共交通。但问题是,消费者选择交通出行工具,需要考虑的是便捷、舒适、经济。对于奢侈性的高额排放,乘用车可以采用经济手段加以调节,但对于普通民众作为代步工具的家用车辆,额外增加使用成本,并不利于民生福祉的改善。而且,汽车作为具有资产属性的耐用消费品,"闲置"也是一种浪费。对于高收入国家或高收入群体,少开一天车、健身出行,有利于健康;但对于收入较低的无车群体,拥有便捷、舒适、经济的汽车作为代步工具,显然是奋斗目标。因而,随着经济发展和社会进步,必然会有越来越多的国民购买和使用乘用车。

作为主笔,我在1997年参加了联合国政府间气候变化专门委员会第三即减缓工作组综合评估第三次报告的撰写时,就深感发达国家之高碳,交通贡献的碳排放量占比几乎达到30%;中国作为发展中国家,碳排放源头主要为工业制造业，千人汽车拥有量只有发达国家的2%，因而中国的二氧化碳排放增长，是中国人的发展权益。随后我又参加2007年的第四次、2014年的第五次评估报告的撰写，交通低碳均是难点与焦点。由于零碳可再生能源和电动汽车的市场竞争力表现亮眼，今年提交的第六次评估报告结论表明，交通领域净零碳已经步入正轨，呈加速之势。中国在风、光、水等零碳电力领域独领风骚，在纯电动汽车产能和销售市场一枝独秀，中国交通领域的碳中和或净零碳，已然在引领全球零碳转型进程。作者在书中展现的信息和数据，足可以支撑中国的汽车产业为落实巴黎协定目标所做出的巨大贡献。

作者关于汽车产业碳中和的分析，结合了汽车产业链条长的特点，不仅分析汽车工业，也分析相关产业，主要关注汽车生产碳排放、汽车行驶碳排放、汽车上下游碳排放，全面、系统，有助于读者更加深入地认识碳中和的系统性、整体性挑战。如果从产业链的视角，汽车是一个完整的产业；如果从消费者视角，汽车所提供的是一种交通服务，其运行维护则可被视为一个终端消费部门。而我对汽车战略和政策的研究，更多的是从终端消费部门的视角来看待和分析汽车领域的碳中和或净零碳问题。第一，汽车是一个保障居民生活品质的消费品，其运行维护过程中的碳排放是消费部门所必须关注的。而汽车生产侧的碳排放是制造业部门而非消费者的责任，但消费者可以通过消费偏好传导给制造商。第二，消费者由于收入预算约束，首要考虑的是汽车运行维护的经济性。如果纯电动汽车的运行成本低于燃油汽车，消费者会用"脚"投票，自觉自愿选择纯电动汽车。第三，在国家宏观战略层面，能源安全是决策者当前必须考虑的重中之重。由于化石能源，尤其是石油、天然气在地质结构原因下形成地缘性集中垄断，我国石油对外依存度已经超过3/4，而能源安全在很大程度上表现为石油安全。交通用油占据石油消耗的一半以上，而我国2021年的千人汽车拥有量尚只有欧洲、日本的40%，美国的28%。保障石油安全，在当下乃至于未来，纯电动汽车无疑是终极解决方案。第四，经济和环境方面的账也需要算。近年来，我国每年用于购买石油的支出高达2万亿元，即使外汇不是问题，但如此巨额费用如果用于国内投资和消费，所产生的国民经济拉动效应显然是巨大的。并且，花费巨资购买的油气，大多一烧了之，既污染了空气，又产生了噪声。第五，也要考虑产业发展和就业等宏观经济问题。我国一汽、二汽、上汽这几家"巨无霸"车企对国家财政之支撑、就业之保障，是不可失去的。纯电动汽车的产量不仅不会萎缩，还会极大地扩张，就业机会也必然增加。零碳可再生能源电力在市场上取代交通燃油，充电桩、电池、风光电力设备生产，市场空间更大。纯电动汽车，只是让汽车产业换了赛道，道路更宽阔，前景更美好。第六，从经济社会系统变革的视角看，纯电动汽车是新的动能所在。汽车电池，不仅是终端能源消费的容器，还是高效便捷灵活的储能工具。消纳零碳风光电力，汽车电池可派上用场；家庭消费，汽车电池亦可堪当大任。而且，在广袤的乡村，太阳光伏屋顶，可以自己发电自己充电，更是乡村振兴之动力，可谓助力城市工业之零碳、农民生活品质改善之利器。

因而，纯电动汽车作为终端消费部门，有着巨量的零碳发展之动能。从化石能源转向零碳可再生能源，我们只是切换了赛道。在燃油汽车领域，中国市场几乎为欧美日品牌所占据，鲜有具备完全自主知识产权的汽车。而在纯电动汽车领域，我们已经拥有比亚迪、吉利、蔚来、长城等自主品牌，动力电池领域也拥有引领世界的自主品牌。因而，我情有独钟，我信心满满，中国的纯电动汽车行业，不仅是中国的，更是世界的。

本书作者刘斌关于汽车产业的全产业链分析，以及纯电动汽车之外的低碳汽车分析，也是有意义的。而我所强调的，是各行各业各自担当，全社会协同努力。汽车的终端消费者所能做的是零碳运行与维护，并通过市场之手，"遥控"生产商。《碳中和与汽车：中国汽车产业的零碳之路》是一本好书，值得一读，值得思考，值得借鉴。也希望作者在再版之时，将有关碳中和的相关信息和净零碳汽车发展分析得更精准、更聚焦，为全社会推进碳中和转型，产生更好更大的积极效应。

是为序。

潘家华
中国社会科学院学部委员
国家气候变化专家委员会副主任
北京工业大学生态文明研究院院长
2022年10月24日于京畿琉璃湖畔

序二

"双碳"目标的实现需要产业发展
紧密结合探索零碳之路

近日,刘斌博士写了一本关于汽车低碳发展的书,请我作序,此是"立功、立德、立言",我欣然答应。

零排放汽车是国际交通领域脱碳的重要路径。为借鉴美国加州零排放汽车法规经验,推动新能源汽车在中国的发展,2015 年中国汽车技术研究中心与加州大学戴维斯分校主办"加州零排放汽车法规与中国碳交易结合可行性研讨会",我受邀做了中国碳排放权交易市场的介绍,由此与刘斌博士相识,此后经常就"碳"+汽车产业的话题多次深入交流。

低碳发展是一个长期的事业,也是我国高质量转型发展的必然要求。正是秉持这一点,我在 2010 年离开央企,积极投身于低碳发展的创新实践,创办了"中创碳投",至今已经十余载了。2020 年 9 月,习近平主席提出 2030 年前实现"碳达峰"、2060 年前实现"碳中和"目标后,低碳发展已成为一项国家中长期战略,是一场广泛而深刻的经济社会系统性变革。国家对这一战略的决心与雄心,自上而下快速传导到各个行业、产业与区域,带来无数机遇与挑战。

就碳排放总量来看,汽车工业的碳排放并不高,主要是使用运输工具产生的碳排放,虽然不是国家碳排放管控的重点行业,但汽车产业作为一个国际化发展程度较高的行业,跨国汽车企业的全球低碳发展无疑已先行传导到中国的汽车企业,汽车产业有望成为我国践行绿色低碳发展的排头兵。汽车产业是一个链条相当长的大产业。除了整车制造,向上可延伸至汽车零部件制造业和零部件制造相关的原材料、石化、装备等其他基础工业;向下可延伸至服务贸易领域,包括汽车销售、维修、金融、回收利用等服务。因此,汽车产业减碳可以说是"牵一发而动全身",既可以实现汽车工业、交通领域的碳减排,也有助于带动钢铁、石化、能源等相关的若干产业的低碳发展，因此汽车产业的绿色低碳发展对我国实现碳达峰碳中和具有重要的作用。我们必须高度重视整个汽车大产业的低碳发展。

正是着眼于推进整个汽车产业的减碳，刘斌博士专门撰写了《碳中和与汽车：中国汽车产业的零碳之路》。首先，系统性摸清汽车大产业的整体排放情况，将汽车碳排放分为汽车制造、汽车行驶、汽车上下游三个部分，摸清汽车产业碳排放的底数。其次，结合汽车产业的特性，从生产制造、材料、燃料、交通运输体系等多个视角去探讨低碳甚至零碳发展之路。最后，由于汽车企业已在积极开展零碳竞赛，走在国家政策的前面，也对国内外汽车企业的零碳之路进行了比较分析。

中国实现"双碳"目标的关键路径就是与产业结合，推动产业高质量转型发展。刘斌博士多年专注于推动汽车产业节能技术与新能源汽车的发展，参与新能源汽车产业发展规划、补贴、税收优惠等多项政策的研究工作，也在积极探讨将碳交易、可再生能源、材料行业相结合，推动汽车大产业低碳发展的措施。该书是其系统性深入思考后的精华输出，更像是一本通关秘籍，提供了一个更全面的视角，呈现出整个大汽车产业的绿色低碳发展之路，让每一位读者做到"胸中有数，手里有招，脚下才有路"。同时，也因为"双碳"牵涉面比较广，汽车产业也涉及上下游众多产业，因此，该书也许仍存在着一定的未尽之处，也希望大家对此持有包容之心，共同研讨，不断探索汽车产业零碳之路。

凿井者，起于三寸之坎，以就万仞之深。"双碳"有太多的机遇和挑战摆在我们面前，感谢每一位挖井人的价值输出。

以上为序。

唐人虎

北京中创碳投科技有限公司总经理

北京市第十六届人大代表

中信发展改革研究基金会理事

北京市政府参事室特约研究员

2022 年 11 月 19 日于北京

前　言

汽车是改变世界的机器。随着电动汽车的兴起，汽车产业处在百年未有之变革中，"电动化、智能化、网联化、共享化"（简称"四化"）风起云涌。除了戴姆勒、福特、大众、丰田、日产、宝马、通用等实力雄厚的众多跨国汽车企业，近二十年来也有特斯拉、比亚迪、蔚来、小鹏、华为、小米等诸多新的市场进入者，他们正在改变着百年汽车产业。中国汽车市场规模已占到全球的1/3左右，巨大的市场规模使得中国成为全球汽车企业的"兵家必争之地"，中国的需求特征、产业演进、政策变化等也深深影响着全球汽车产业的发展。譬如，在国家支持、企业大力推动下，中国的新能源汽车年销量从2012年的不到2万辆发展到2023年的949.5万辆，占全球新能源汽车市场份额的六成以上，引领并加快了全球汽车的电动转型进程。

2020年9月，习近平主席在第七十五届联合国大会一般性辩论上郑重宣示中国"二氧化碳排放力争于2030年前达到峰值，努力争取2060年前实现碳中和"。中国汽车产业也将迎来最大的外部影响——碳达峰、碳中和（以下简称双碳）的影响。双碳究竟对汽车产业产生什么影响？纯电动汽车是否低碳？双碳下国家会提出什么目标？能源使用导致了碳排放，汽车未来使用什么能源？禁燃会愈演愈烈吗？哪些算汽车行业的减碳责任，哪些算其他行业的？行业内的整车企业、零部件企业、充电设施企业、研究机构等众多相关者纷纷在热议，探索双碳的影响以及这些问题的答案。"四化"是为了汽车产品给人们更好的体验，而低碳可能决定汽车还能不能生产（用什么材料造车？）、能不能跑（能否上路行驶？用什么低碳能源才能上路行驶？），从这个角度来看，汽车产业的"四化"或许要让位于低碳化，未来的汽车产业可能是"碳索未来"。

我在2004年进入汽车行业，一直做产业政策方面的研究。2014年，我协助国家发展和改革委员会研究加州的零排放汽车积分政策，希望能依靠碳交易市

前言

场建立中国的新能源汽车积分交易制度，形成支持新能源汽车发展的长效机制。借此机会与碳结缘，不仅与清华大学的段茂盛、欧训民老师、中创碳投的唐人虎总经理学习了碳市场的相关基础知识，了解条例的研究进展，并到上海、广东等地方试点的碳交易所进行调研。2020年下半年，双碳目标的提出，我供职的中国汽车技术研究中心有限公司（简称中汽中心）也高度关注双碳对汽车产业的影响，为此，计划开展面向碳中和目标的汽车产业实施路线图重大课题研究工作，后来我荣幸地成为该课题的总负责人。2021年初，汽车产业的管理部门工业和信息化部装备工业一司也委托我们开展面向碳达峰、碳中和的汽车产业实施路线图研究，之后，由中汽中心和中国汽车工程学会共同配合工业和信息化部开展研究，并将课题名称更新为"汽车产业绿色低碳发展路线图"。在团队的共同努力和学习下，研究不断深入，成果逐渐丰富，我个人也在逐步补充碳达峰碳中和的相关知识。在这个过程中，我一方面认识到课题的研究需要做精做深，永无止境；另一方面，也意识到汽车是社会关注度非常高的产业，无论是汽车行业，还是能源、交通、材料等其他行业的从业者，甚至还有众多热爱汽车、关心汽车的社会大众，可能都需要通过以双碳与汽车为主题的"大道至简"型的书籍来加强基本了解。为此，我计划在工作之余，用一年的时间尝试写一本类似的书籍，和大家共同探讨双碳与汽车相关的工作。汽车产业链条长，相关行业众多，为此，本书定位于对双碳与汽车行业及相关产业的影响分析，汽车行业主要包括整车、零部件企业，相关产业主要包括能源（油气电氢）、材料等行业。本书的读者对象是汽车整车企业、零部件企业、车用能源企业、车用材料企业的管理人员，汽车与温室气体相关的研究机构、高校，以及关心汽车、能源的热心读者。

全书共分10章。第1章介绍中国的双碳目标与汽车产业，在厘清气候变化与汽车相关基础概念的基础上，基于国家温室气体清单的分类，将汽车的碳排放分为直接排放和间接排放，国家双碳工作的部署也将影响汽车交通等行业的发展。第2章分析汽车碳排放现状并预测未来，将汽车碳排放分为汽车制造、汽车行驶、汽车上下游三个范围的排放，分析2021年的排放现状以及到2060年在两种情景下的演进趋势。第3章讲述低碳制造，介绍汽车制造碳排放，包括汽车生产流程、排放现状、减碳技术和措施。第4章讲述低碳交通，分析汽车交通碳排放的现状、影响因素，探讨面向碳达峰碳中和的汽车技术路线及成本。第5章讲述低碳材料，分析汽车使用的主要材料、材料生产环节的碳排放及主要减碳路径。第6章讲述低碳能源，分析车用能源的结构、生产及其主要碳排放，研究主要路径和措施。第7章讲述零碳生态，探讨碳中和对汽车新生态的影响、汽车产业发展趋势，以及新生态下的产业治理变化。第8章讲述零碳经验，对碳中和与汽车的国际政策进行分析，包括愿景目标、产品管理、碳税碳市场与积分政策。第9章讲述零碳竞赛，分析汽车整车企业、零部件企业的碳中和目标及其减碳路径。第10章讲述零碳之路，分析汽车产业实现碳达峰、碳中和的路径与政策，包括零碳发展路径、"三步走"战略及相关政策建议。

  在本书的写作过程中，马乃锋、刘可歆、么丽欣、石红、祝月艳等协助进行了数据分析，陈宜霖、简晓荣等协助收集了国外政策，此外一些同事、家人等都提供了支持。研究中也得到了斯堪尼亚等汽车企业的资料支持，涉及能源等行业研究时也得到中国石油、中国石化、清华大学、国家电网等相关研究机构和高校老师的帮助、指导，诸多专家都不吝赐教。在此一并表示感谢！

  尤其需要感谢的是，清华大学力拓资源能源与可持续发展研究中心高级工程师杨珊珊对书稿进行了认真审阅，并结合其多年国家温室气体清单编写经验帮我新增了温室气体清单的定义。初稿完成后，中国社会科学院学部委员、国家气候变化专家委员会副主任潘家华和北京中创碳投科技有限公司总经理唐人虎，欣然为书稿作序。中国工程院院士、清华大学碳中和研究院院长贺克斌老师，浙江吉利控股集团董事长李书福先生，国投招商投资管理有限公司汽车首席专家李钢先生，中国电动汽车百人会副理事长兼秘书张永伟先生，百忙之中还为书稿写推荐语。同时也感谢机械工业出版社汽车分社母云红等诸位编辑老师的辛苦工作。我不胜感激！虽然绿色低碳之路"道阻且长"，但相信在以上热心专家的推动和指导下，一定会增加更多的同行人，最后共同推进我国早日实现碳达峰碳中和！

  这是我第一次独立完成一本书的编写，未写之前认为自己有多年汽车行业经历，写起来肯定文如泉涌，结果动笔之后才发现自己懂得太少，不仅急需补充众多基础知识，有时在电脑前坐半天还写不了一个字。我深深地认识到个人能力、学识极其有限，有些东西个人了解的可能只是皮毛。本书中肯定也还有不少错误、纰漏，恳请各位读者在谅解的同时，也能给予指正和提供更多的建议。

刘斌

目 录

序一　释放汽车产业的零碳动能（潘家华）
序二　"双碳"目标的实现需要产业发展
　　　紧密结合探索零碳之路（唐人虎）
前言

第 1 章　气候雄心：国家碳达峰、碳中和与汽车产业 / 001
　　1.1　基本概念 / 002
　　1.2　国家温室气体清单 / 008
　　1.3　汽车温室气体排放 / 010
　　1.4　碳达峰与碳中和总体部署 / 013
　　1.5　小结 / 015

第 2 章　排放摸底：汽车碳排放现状及未来预测 / 016
　　2.1　汽车碳排放界定 / 016
　　2.2　汽车碳排放核算方法 / 017
　　2.3　汽车碳排放现状分析结论及预测 / 024
　　2.4　小结 / 028

第 3 章　低碳制造：汽车工业排放与减碳路径 / 030
　　3.1　汽车生产 / 030
　　3.2　排放现状 / 032
　　3.3　减碳技术 / 035
　　3.4　主要路径 / 036
　　3.5　减碳成本 / 038

3.6 减碳主体与措施 / 039

3.7 小结 / 040

第 4 章　低碳交通：汽车交通排放与减碳路径 / 041

4.1 排放现状 / 041

4.2 影响因素及趋势 / 043

4.3 面向碳达峰的汽车技术路线 / 049

4.4 面向碳中和的汽车技术路线 / 051

4.5 减碳成本 / 062

4.6 小结 / 065

第 5 章　低碳材料：车用材料排放与减碳路径 / 066

5.1 车用材料 / 066

5.2 车用材料碳排放分析 / 073

5.3 主要减碳路径 / 080

5.4 减碳主体与措施 / 082

5.5 小结 / 083

第 6 章　低碳能源：车用能源生产环节排放与减碳路径 / 084

6.1 车用能源结构及低碳发展趋势 / 084

6.2 车用能源的生产 / 088

6.3 车用能源生产环节碳排放分析 / 095

6.4 主要路径 / 102

6.5 减碳成本 / 105

6.6 减碳主体与措施 / 106

6.7 小结 / 108

第 7 章　零碳生态：碳中和背景下汽车产业新生态 / 110

7.1　碳中和对汽车新生态的影响 / 110

7.2　新生态下汽车产业发展趋势 / 112

7.3　新生态下的汽车产业治理 / 115

7.4　小结 / 117

第 8 章　零碳经验：碳中和与汽车国际政策 / 118

8.1　愿景目标 / 118

8.2　产品管理 / 124

8.3　碳税、碳市场与积分 / 133

8.4　小结 / 145

第 9 章　零碳竞赛：车企碳中和目标及路径 / 147

9.1　汽车企业的低碳发展目标 / 147

9.2　零部件企业的减碳路径 / 151

9.3　整车企业的减碳路径 / 155

9.4　汽车企业的低碳路径比较 / 164

9.5　小结 / 168

第 10 章　零碳之路：汽车产业实现碳达峰、碳中和的路径与政策 / 169

10.1　零碳发展路径 / 169

10.2　实施"三步走"战略 / 178

10.3　零碳发展政策建议 / 180

10.4　小结 / 182

参考文献 / 183

第1章
气候雄心：国家碳达峰、碳中和与汽车产业

实现国家"30·60"双碳目标[一]，汽车产业不能缺席。

自 2020 年 9 月 22 日，习近平主席在第七十五届联合国大会一般性辩论上郑重宣示中国"二氧化碳排放力争于 2030 年前达到峰值，努力争取 2060 年前实现碳中和"以来，党中央、国务院高度重视碳达峰、碳中和工作，明确要求扎实做好各项工作，并加快构建"1＋N"政策体系。2021 年，中共中央、国务院印发的《关于完整准确全面贯彻新发展理念做好碳达峰碳中和工作的意见》和国务院印发的《2030 年前碳达峰行动方案》，是"1＋N"政策体系中的"1"，对我国碳达峰碳中和工作进行了系统谋划和总体部署，提出了包括加快推进低碳交通运输体系建设在内的 10 个方面共 31 项重点任务，明确了"双碳"路线图、施工图。同时，对碳达峰行动做出总体部署，提出包括交通运输绿色低碳行动在内的"碳达峰十大行动"，并明确"到 2030 年，当年新增新能源、清洁能源动力的交通工具比例达到 40% 左右"。

一方面，汽车是交通领域的主要碳排放来源，是社会碳控排的重点领域之一，我国关于碳达峰、碳中和的宣示将对汽车产业在新时代的低碳发展提出更高要求。另一方面，汽车产业具有产业链长、关联度高、带动效应大等特点，

[一] 习近平主席在第七十五届联合国大会一般性辩论上郑重宣示中国"二氧化碳排放力争于 2030 年前达到峰值，努力争取 2060 年前实现碳中和"的目标，简称"30·60"双碳目标。

汽车产业有义务有责任通过推动自身低碳发展为我国碳达峰、碳中和目标的实现做出贡献。为降低温室气体排放，部分国家将禁售燃油汽车、制定汽车全面电动化时间表作为降低交通碳排放的重要途径，跨国汽车企业也纷纷从企业或产品层面提出碳中和计划。在此背景下，有必要厘清汽车相关的碳排放，明确汽车行业及相关行业的减碳责任，识别我国汽车产业低碳发展的关键问题，明确低碳发展路径和政策措施，以实现汽车产业的绿色低碳发展。

1.1 基本概念

1. 碳达峰与碳中和

碳达峰是指某个国家或地区的二氧化碳排放量达到了历史最高值，经历平台期后持续下降的过程，是二氧化碳排放量由增转降的历史拐点。碳达峰的目标包括达峰的年份和峰值，就是要使大气二氧化碳浓度在某一年份不再增加，并逐渐下降的过程。碳达峰示意图如图1-1所示。

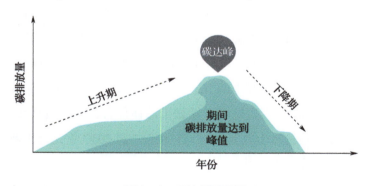

图1-1　碳达峰示意图

注：资料来源于安永研究。

碳中和被定义为：某个国家或地区在规定时期内人为排放的二氧化碳，与通过植树造林、碳捕集利用与封存等移除的二氧化碳相互抵消。根据联合国政府间气候变化专门委员会《全球升温1.5℃特别报告》，碳中和即为二氧化碳的净零排放。碳中和示意图如图1-2所示。

图1-2 碳中和示意图

注：资料来源于安永研究。

2. 二氧化碳与温室气体

二氧化碳，一种碳氧化合物，化学式为 CO_2，常温状态下是一种无色或无味无臭而其水溶液略有酸味的气体，是空气组成的一部分，也是一种常见的温室气体。二氧化碳占全球温室气体排放总量的70%以上。

温室气体（Greenhouse Gas，GHG），产生温室效应的气体统称为温室气体，一般指任何会吸收和释放红外线辐射并存在大气中的气体。目前，国际公约规定控制的温室气体有7种，分别为：二氧化碳（CO_2）、甲烷（CH_4）、氧化亚氮（N_2O）、氢氟碳化合物（HFCs）、氟碳化合物（PFCs）、六氟化硫（SF_6）和三氟化氮（NF_3）。

二氧化碳在大气中存留时间长，长达上百年，其他的温室气体虽然在空气中存留时间比二氧化碳短，但是增温潜势是二氧化碳的若干倍，如甲烷的增温潜势是二氧化碳的21倍。

3. 温室效应和全球变暖

1）**温室效应**。地球大气中的一些物质对太阳辐射具有高度通过性，但能强烈吸收地表辐射的热量，使得地球温度保持在一定水平。温室效应是地球生命系统的重要支撑条件，如果没有温室效应，地球白天会很热，晚上又会很冷。

2) 全球变暖。工业革命以来，人类活动导致大气层中温室气体浓度不断增加，地表平均温度升高。全球变暖导致极端气候事件和复合型事件频发，可能引发高温干旱、复合型洪涝等系统性灾难。

4. 狭义和广义净零排放

二氧化碳净零排放（Net-zero CO_2 emissions）：在规定时期内人为 CO_2 移除在全球范围抵消人为 CO_2 排放时，可实现 CO_2 净零排放。CO_2 净零排放也称为碳中和（Carbon Neutrality）。狭义的碳中和指 CO_2 的净零排放。

温室气体净零排放（Net-zero emissions）：当一个组织一年内所有温室气体（CO_2e，以二氧化碳当量衡量）的排放量与温室气体清除量达到平衡时，就是温室气体净零排放。广义的碳中和指温室气体的净零排放。狭义的碳中和和广义的碳中和如图1-3所示。

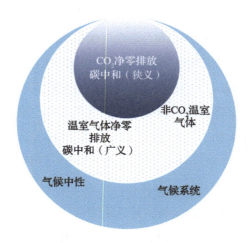

图1-3 狭义的碳中和和广义的碳中和之间关联

注：资料来源于安永研究。

5. 直接责任和间接责任

依据碳排放源的不同，一般将碳排放分为直接排放和间接排放。直接排放是指煤炭、天然气和石油等化石能源燃烧活动和工业生产过程等产生的温室气体排放;间接排放是指因使用、消耗外购的电力、热力和蒸汽而隐含的排放。

为了明确碳排放的责任主体,按照"谁排放、谁负责"区分直接责任和间接责任。如车主驾驶燃油乘用车造成的汽、柴油燃烧产生的碳排放,则是汽车使用者为直接责任,汽车使用者能够通过减少私家车出行来降低行驶阶段碳排放。对汽车使用者来说,其使用的汽、柴油上游的开采、炼制导致的碳排放,石化企业应为直接责任主体,石化企业可以通过技术改进等措施直接降低其碳排放。

6. 年度碳排放和生命周期碳排放

年度碳排放一般是指一个公历年份内(1月1日—12月31日)产生的碳排放。2030年前碳达峰和2060年前碳中和指的是某一年度的碳排放。

生命周期一般是指某一产品的生命周期。不同产品的生命周期时长并不一样,如乘用车一般认为从获取资源到废弃是15年、商用车多在6~8年。国际标准化组织对生命周期评价(Life Cycle Assessment,LCA)的定义是:"对一个产品系统在生命周期内的投入、产出及其对环境潜在影响的汇总和评价。"即评价一个产品(活动)从自然界获取资源起,在生产、运输、销售、使用直至报废回收的整个过程中的能源和资源利用及污染排放。

机动车生命周期的碳排放分析包括对燃料生命周期和材料生命周期两个周期的分析。车用燃料周期即油井到车轮(Well-to-Wheels,WTW),也可分为燃料的运行使用阶段即油箱到车轮(Tank-to-Wheels,TTW)和上游的燃料生产阶段即油井到油箱(Well-to-Tank,WTT)。材料生命周期主要包括材料生产、零部件制造与整车装配、车辆运行和回收利用四个密切相关的环节。不同类型车辆的生命周期碳排放的研究重点并不一样,燃油车的碳排放主要是燃料周期的运行使用阶段,而纯电动汽车则主要关注上游的燃料生产阶段以及汽车材料生命周期。

7. 可再生能源与新能源

能源包括化石能源和非化石能源。化石能源包括煤炭、石油、天然气等;

非化石能源包括可再生能源与核能。可再生能源主要包括太阳能、水能、风能、生物质能、地热能、海洋能等。新能源目前主要包括太阳能、风能、生物质能、地热能、海洋能、氢能等。可再生能源与新能源关系如图1-4所示。

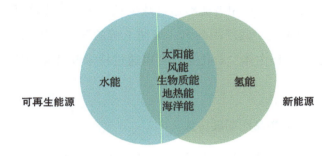

图1-4　可再生能源与新能源关系图

8. 电气化与电动化

电气化是指国民经济各部门和人民生活广泛使用电力，即将本非使用电的设施改成以电为动力。终端消费品如燃油汽车改为纯电动汽车，工厂生产由使用天然气改为使用电力，都称为电气化。燃油汽车替换为电动汽车一般也称为电动化，或者电动替代。电动汽车一般包括纯电动汽车、混合动力汽车（普通混合动力汽车、插电式混合动力汽车等）、燃料电池汽车。相对来说，电气化是一个更广泛的概念，既包括了人民生活的消费品改为用电作为动力（如燃油汽车替换为电动汽车的电动化，燃煤煮饭替换为电饭煲煮饭等），也包括工业等生产活动中的电力替代。

9. 新能源汽车和零排放汽车

中国2012年出台的《节能与新能源汽车产业发展规划（2012—2020年）》对新能源汽车（New Energy Vehicle，NEV）进行了定义：新能源汽车是指采用新型动力系统，完全或主要依靠新型能源驱动的汽车，本规划所指新能源汽车主要包括纯电动汽车、插电式混合动力汽车及燃料电池汽车。另外，增程式混合动力汽车属于插电式混合动力汽车。

纯电动汽车（Battery Electric Vehicle，BEV）：由电动机驱动，且驱动电能

第1章 气候雄心：国家碳达峰、碳中和与汽车产业

来源于车载可充电蓄电池或其他能量储存装置的汽车。

混合动力汽车（Hybrid Electric Vehicle，HEV）：能够从可消耗的燃料或可再充电能/能量储存装置等车载储存的能量中获得动力的汽车。混合动力汽车按照是否具备外接充电能力可分为：普通混合动力汽车（即非插电式混合动力汽车）、插电式混合动力汽车。

普通混合动力汽车：在正常使用情况下从车载燃料中获取全部能量的混合动力汽车。

插电式混合动力汽车（Plug-in Hybrid Electric Vehicle，PHEV）：具有一定的纯电驱动行驶里程，且在正常使用情况下可从非车载装置中获取电能的混合动力汽车。

燃料电池汽车（Fuel Cell Electric Vehicle，FCEV）：以燃料电池作为动力源的汽车。

欧美国家一般采用零排放汽车（Zero Emission Vehicle，ZEV）的概念，譬如美国加州空气资源委员会认为：零排放汽车是指车辆在使用过程中所排放的任何污染物均为零（二氧化碳排放也为零），并经政府部门认定的零排放汽车，主要为纯电动汽车、燃料电池汽车。由此可见，零排放汽车不包括插电式混合动力汽车。新能源汽车与零排放汽车关系如图1-5所示。

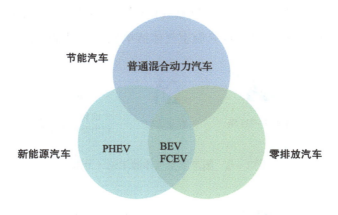

图1-5 新能源汽车与零排放汽车关系图

1.2 国家温室气体清单

1. 温室气体清单

温室气体清单是对指定时间和区域范围内由于人类活动排放和吸收的温室气体信息的全面汇总，一般以自然年或财年为时间单位，区域范围可以是国家级、行政区级（如省、市、县等），也可以是企业级或设施级。定期编制国家温室气体清单既是我国履行国际公约的基本要求，也是摸清排放家底的基本需求。

2. 国家温室气体清单范围

国家温室气体清单编制作为应对气候变化的一项基础性工作，是气候变化国际履约的义务。一般，各国都应用政府间气候变化专门委员会（IPCC）的核算方法（《2006 年 IPCC 国家温室气体清单指南》等）。迄今为止，我国已按照 IPCC 核算方法完成了 1994、2005、2010、2012 和 2014 共 5 个年份的国家温室气体清单。2014 年国家温室气体清单编制和报告范围包括：能源活动、工业生产过程、农业活动、土地利用、土地利用变化和林业（Land Use, Land-Use Change and Forestry, LULUCF）以及废弃物处理 5 个领域中二氧化碳（CO_2）、甲烷（CH_4）、氧化亚氮（N_2O）、氢氟碳化合物（HFCs）、氟碳化合物（PFCs）和六氟化硫（SF_6）的排放。国家温室气体清单统计范围如图 1-6 所示。

图 1-6　国家温室气体清单统计范围

3. 中国年度碳排放情况

根据《中华人民共和国气候变化第二次两年更新报告》，2014 年，中国温室气体排放总量为 123.0 亿tCO$_2$e,若考虑土地利用、土地利用变化和林业领域 11.2 亿tCO$_2$e 的净吸收量,则我国温室气体净排放量为 111.9 亿tCO$_2$e。

按气体类型划分的排放量占比如图 1-7 所示,二氧化碳是我国排放的主要温室气体,占到 83.5%,其次是甲烷 9.1%、氧化亚氮 5%、含氟气体 2.4%。按排放领域划分的排放量如图 1-8 所示,能源活动排放量为 95.6 亿 t,占总体温室气体排放量的 77.7%,仍是我国温室气体最大的排放来源,其次是工业生产活动,排放量达到 17.2 亿 t,占比 14.0%。此外,2014 年国际航空和航海温室气体排放量为 0.52 亿 t 二氧化碳当量,生物质燃烧排放量为 8.98 亿 t 二氧化碳当量,作为信息项报告不计入清单排放总量。

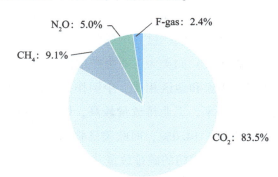

图 1-7 2014 年中国温室气体排放种类构成

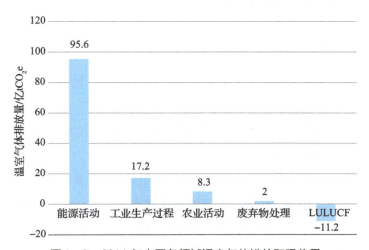

图 1-8 2014 年中国各领域温室气体排放和吸收量

能源活动包括化石燃料的燃烧和逃逸排放,其中,化石燃料的燃烧包括能源工业、制造业和建筑业、交通运输、其他行业等。由此可见,汽车作为交通运输工具,在清单中应归类为能源活动－化石燃料燃烧－交通运输。汽车企业(如工厂)在生产过程中燃烧的化石燃料碳排放归类为能源活动－制造业和建筑业。

工业生产过程包括非金属矿物制品、化学工业、金属冶炼、卤烃和六氟化硫的生产和消费。工业生产中通常同时存在温室气体的两种排放来源,分别是化石燃料的燃烧、工业生产过程的一些物理变化过程和化学反应过程,按照清单的分类,化石燃料燃烧属于能源燃烧排放,应在能源部门清单中报告;而过程中的物理变化和化学变化过程,属于工业生产过程排放,应在工业生产过程清单中报告。汽车及零部件企业生产过程中的物理变化和化学变化过程(非直接燃烧化石燃料产生的碳排放)归类为工业生产过程。

和美国、欧洲等发达国家和地区相比,中国作为全世界唯一拥有联合国产业分类中全部工业门类的国家,工业排放量较高,即使不包括工业中的化石燃料燃烧,排放量占比也达到了 14.0%,而欧美已将高耗能、低收益的工业转移到其他国家,相对来说,工业部门的碳排放量并不高。

1.3 汽车温室气体排放

1. 汽车相关的温室气体

汽车相关的温室气体排放主要是二氧化碳、甲烷、氧化亚氮、氢氟碳化合物等。

二氧化碳排放主要是汽车使用汽/柴油等化石燃料(也包括润滑油燃烧)、汽/柴油开采和炼制等产生的排放。

甲烷排放主要是汽车燃烧化石燃料后的尾气排放与天然气汽车自身的甲烷逃逸排放。其中,天然气汽车的甲烷逃逸排放占比较大。目前,天然气汽车主要有中重型货车、公交车和出租车,就甲烷排放来看,中重型货车、公交车和出租车是道路交通甲烷排放的主要排放源,排放占比分别达 51%、18%

和 15%。

氧化亚氮排放主要是化石燃料燃烧排放与尾气净化处理排放。柴油车是氧化亚氮的主要排放源。

氢氟碳化合物主要是汽车空调制冷剂在空调运行中的排放与空调报废时的泄漏排放。

2. 汽车排放领域

如图 1-9 所示，从全生命周期角度看，汽车碳排放涉及燃料周期上游阶段、燃料周期运行阶段和材料周期。其中，燃料周期上游阶段包括一次能源的开采、运输和存储，以及燃料的生产、运输、分配、存储等过程；燃料周期运行阶段是指汽车行驶中的燃料消耗阶段；材料周期涵盖原材料的开采与运输、车用材料的生产与加工、零部件与整车制造、使用阶段的零部件替换以及车辆回收拆解等过程。

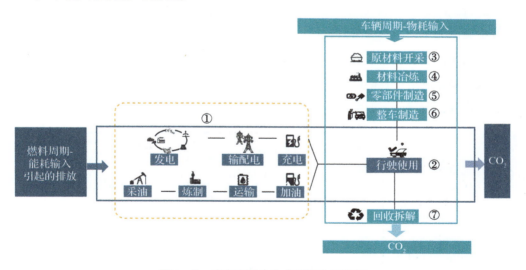

图 1-9 汽车产品全生命周期分析框架

基于汽车产品全生命周期分析框架，可分析出汽车碳排放涉及七大主要环节，详见表 1-1。

表1-1 汽车七大主要碳排放环节

	汽车碳排放七大涉及环节	LCA角度
①	汽车行驶阶段所需燃油、电力、天然气等能源的上游生产过程（开采、炼制、运输等）碳排放	燃料周期
②	汽车行驶阶段化石燃料燃烧产生的直接碳排放	
③	汽车原材料开采过程碳排放	车辆周期
④	汽车材料冶炼过程碳排放	
⑤	汽车零部件制造过程碳排放	
⑥	汽车整车制造过程碳排放	
⑦	汽车回收拆解过程碳排放	

汽车生命周期碳排放涉及多个行业，易产生减碳主体责任不清的问题，综合国际通行的碳排放核算和管理边界划分方式方法，以及未来我国相关行业碳管理趋势，基于"谁排放谁负责"原则，本节认为汽车产业碳排放主要由汽车产品行驶阶段直接碳排放和整车、零部件生产制造环节的碳排放两部分构成，其中又以汽车产品行驶阶段直接碳排放为主。

按照国家温室气体清单，汽车相关碳排放的活动具体归类如图1-10所示：①汽车整车制造过程碳排放、汽车零部件制造过程碳排放主要是使用能源产生的碳排放，应属于能源活动中的制造业和建筑业。汽车行驶阶段化石燃料燃烧

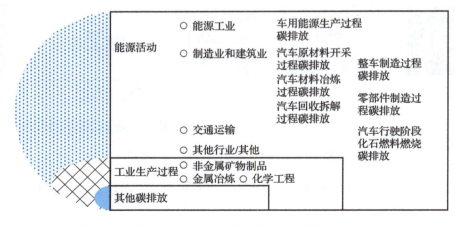

图1-10 汽车相关碳排放在国家温室气体清单中的归类

产生的直接碳排放属于能源活动中的交通运输。汽车整车及零部件制造、汽车行驶阶段碳排放为汽车直接排放。②能源生产、材料生产等也主要是使用能源产生的碳排放。汽车使用的能源上游过程中的碳排放属于能源活动中的能源工业。汽车原材料开采过程碳排放、汽车材料冶炼过程碳排放、汽车回收拆解过程碳排放应属于能源活动中的制造业和建筑业。工业生产中化石燃料燃烧产生的物理变化和化学变化过程属于工业生产过程碳排放。

需要说明的是，为便于责任主体明确其碳减排责任，本书后文的分析中，对同一活动并未按照温室气体清单的分类方法，将生产过程中的化石燃料燃烧、工业生产过程的一些物理变化过程和化学变化区分。譬如，车用材料生产产生的碳排放既包括生产过程中化石燃料燃烧的碳排放，也包括物理变化和化学变化过程的碳排放。

1.4　碳达峰与碳中和总体部署

1. 必要性

推进碳达峰碳中和工作，既是我国破解资源环境约束突出问题、实现可持续发展的迫切需要，又是顺应技术进步趋势、推动经济结构转型升级的迫切需要，还是满足人民群众日益增长的优美生态环境需求、促进人与自然和谐共生的迫切需要，更是主动担当大国责任、推动构建人类命运共同体的迫切需要。

2. "1+N"政策体系

2021年9月22日，中共中央、国务院印发《关于完整准确全面贯彻新发展理念做好碳达峰碳中和工作的意见》，2021年10月24日，国务院印发《2030年前碳达峰行动方案》，两个文件是"1"，作为碳达峰碳中和的顶层设计，对"双碳"工作进行系统谋划和总体部署。"N"由不同重点领域、不同重点行业的两套碳达峰实施方案和碳达峰碳中和若干支撑保障方案组成。重点领域、重点行业是以碳排放活动的主要领域、主要行业来确定的，其中，重点领域主要是能源、工业、交通运输、城乡建设、农业农村五大领域（图1-11），重点行业是煤炭、石油天然气、钢铁、有色金属、石化化工、建材六大行业为主。

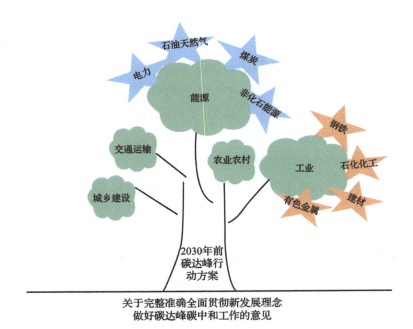

图1-11 碳达峰碳中和五大重点领域

3. 推进碳达峰碳中和与汽车

汽车作为一个终端消费品，是交通运输工具的主要载体，因此应属于交通运输领域推进碳达峰碳中和工作的一部分，同时，汽车碳排放主要是燃烧汽、柴油产生的，因此受能源行业碳达峰碳中和的影响较大，汽车与能源行业也会产生相互影响。此外，汽车制造业属于工业，也是工业领域中推进双碳工作的一个子项。

就交通领域来看，汽车属于运输工具装备，它是交通运输领域能源消耗的主要载体之一，推动运输工具装备低碳转型，主要包括以下三个方面：

一是车辆绿色低碳转型。主要是电气化替代（即燃油汽车替换为新能源汽车，包括乘用车和商用车的电动化）、加快发展低碳燃料、新能源和清洁能源在车辆中的运用。

二是构建绿色高效的交通运输体系。主要是探索"光伏＋交通"等融合发展项目推广应用，推动交通领域光伏电站及充电桩示范建设，推进路网沿线光伏发电应用。

三是推进低碳交通基础设施建设。通过建设停车场专用充电站、提高快充桩占比、高速公路快充网络分阶段覆盖等措施，加快城市城际充换电网络建设。

汽车作为用能的终端产品，仍以传统的汽、柴油车辆为主，使用化石能源产生的碳排放量较大。因此，汽车碳达峰碳中和工作也需要与能源绿色低碳发展相结合。我国以煤为主的能源结构短期内难以改变，石油对外依存度超过70%，风能、光能等可再生能源发电取得较大成绩，但也面临新能源大规模并网难的挑战。新能源汽车的普及有利于推动我国能源结构的转型，但也要和新型电力系统的推进相协同，避免顾此失彼。

1.5 小结

汽车碳达峰碳中和对经济社会是一场深刻的社会性变革，但对汽车行业的具体影响却不容易说清楚。本章首先介绍了气候与汽车相关的一些基本概念，然后按照国家温室气体清单将汽车相关的碳排放进行了分类。在国家碳达峰碳中和的总体部署下，汽车行业应该承担直接减排责任的是汽车制造、汽车交通领域，尤其汽车交通领域是减排的重点。

第 2 章
排放摸底：汽车碳排放现状及未来预测

厘清核算边界，分析碳排放现状及趋势。

2.1 汽车碳排放界定

汽车碳排放比较复杂，既有生产汽车导致的碳排放，也有汽车作为交通工具燃烧汽、柴油产生的碳排放，既有年度的碳排放，也有全生命周期的碳排放，为便于理解，本章从年度分析的角度来界定汽车碳排放。汽车年度碳排放由汽车生产碳排放、汽车行驶碳排放、汽车上下游碳排放三部分组成。汽车碳排放的范围本章分为了三个区间，为便于理解，可简称为范围一（C_1）排放、范围二（C_2）排放、范围三（C_3）排放。

$$C = C_1 + C_2 + C_3 \tag{1}$$

式中：C 为汽车二氧化碳总排放量，单位为 kg；C_1 为汽车生产碳排放，也可称为工业排放，单位为 kg；C_2 为汽车行驶碳排放，也可称为交通排放，单位为 kg；C_3 为汽车上下游碳排放，也可称为材料与能源碳排放，单位为 kg。见表 2-1 所列。

表 2-1 汽车碳排放界定、构成与排放活动

范围分类	释义	构成	温室气体排放活动
范围一：汽车生产碳排放	汽车企业（整车、零部件企业）新车和零部件（如动力电池）生产过程中的碳排放	汽车企业燃烧燃料直接产生的碳排放	自有锅炉排放 自有熔炉排放 自有车辆活动 生产过程其他排放（如 CO_2 保护焊）
		汽车企业外购的电力、热力和制冷所产生的碳排放	外购电力 外购热力 外购蒸汽 外购冷却水
范围二：汽车行驶碳排放	汽车作为交通运输工具使用时燃烧汽、柴油等燃料产生的碳排放	乘用车行驶碳排放	私家车出行 出租、网约车出行 公务车辆出行
		商用车行驶碳排放	商用货车行驶 商用客车行驶
范围三：汽车上下游碳排放	新生产汽车使用原材料的开采、冶炼等过程中的碳排放	当年生产新车的原材料开采及冶炼过程中的碳排放	汽车原材料开采 汽车材料冶炼
	车用能源在生产和运输等过程中的碳排放	车用能源上游生产运输等过程中的碳排放	原油开采 汽油炼制及运输 柴油炼制及运输 其他车用燃料生产及运输
	汽车回收拆解过程中的碳排放	当年报废汽车回收拆解过程中的碳排放	汽车回收拆解

2.2 汽车碳排放核算方法

汽车碳排放分析由需求/产业预测、情景设置、碳排放分析（生产碳排放子模块、行驶碳排放子模块、上下游碳排放子模块）三个主要模块组成，碳排放

分析技术路径如图2-1所示。主要分析方法是：以汽车保有量（总量及结构）、报废量、年产新车量（总量及结构）为分析基础，推测年度汽车生产碳排放、年度汽车行驶碳排放、年度汽车上下游碳排放。具体为：基于新车年销量/产量分析年度汽车生产碳排放情况；基于汽车保有量总量及结构、行驶特征分析年度行驶阶段碳排放；基于保有车辆行驶特征分析上游能源碳排放；基于新车年产量分析上游材料阶段碳排放；基于汽车年报废量分析回收拆解阶段碳排放。

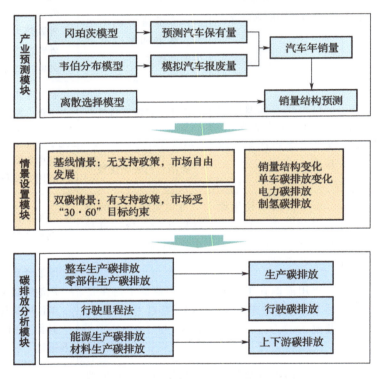

图2-1 汽车碳排放分析技术路径图

2.2.1 产业预测模块

1. 汽车保有量预测

从人口维度基于千人汽车保有量来分析中国汽车保有量总量，是大多数研究机构采用的方法。冈珀茨曲线多用于新产品的研制发展、成熟和衰退分析，较适用于处在成熟期商品的预测,以得出市场需求和销售的饱和量。从当前中国汽车整车市场形势来看,汽车市场已度过高峰增长阶段进入稳定增长期,市场增长轨迹将进入相对平稳阶段,这正与冈珀茨曲线适用于新产品的研制发展、成熟和衰退分析,较适用于处在成熟期的商品预测的特征相匹配。因此,本文采用冈珀茨曲线对2022—2060年的汽车保有量进行预测。

据统计,截至2021年底,我国汽车保有量达到2.94亿辆,千人汽车保有量为208辆。未来,随着居民收入不断提高,消费不断升级,城市化逐步推进,中国千人汽车保有量仍有较大增长空间。经收集整理现有主要研究机构成果发现,未来我国千人保有量峰值在300~500辆之间,对应整体汽车保有量峰值在4.2亿~6.5亿辆之间。

2. 汽车年销量总量预测

韦伯分布是一种随机变量分布,体现了物品在自然衰减情况下的磨损剩余,被大量应用于可靠性工程研究,特别适用于描述机电类产品的磨损剩余。针对车辆报废量进行预测的研究,大多数研究者均使用韦伯分布来描述汽车存活率。汽车销量、报废量、保有量三者之间存在密切联系。按照保有量、报废量转换为当年销量计算,即当前年度的乘用车销量等于当前年度的汽车保有量与前一年的汽车保有量的差值再加上当前年度的汽车报废量,用销量导出公式来表示则为:

$$N_t = S_t - S_{t-1} + R_t \qquad (2)$$

式中,N_t 是指第 t 年的汽车销量,S_t 表示第 t 年的汽车保有量,R_t 表示第 t 年的汽车报废量。

3. 汽车销量结构预测

在汽车年销量总量预测的基础上,运用离散选择模型,结合影响消费者购车时考虑的主要因素,分析各因素的变化情况,如政策影响、成本变化等,量化分析纯电动汽车、插电式混合动力汽车、燃油汽车、燃料电池汽车等不同能源类型车辆的综合成本,分析消费者购车选择的概率,预测各能源类型车辆的市场份额。

2.2.2 情景设置模块

情景设置模块分为两种发展场景，一种是基线情景，就是无双碳要求的情景，技术进步、新能源汽车市场占比等产业状况将沿袭当前的自然发展趋势变化；单车碳排放、电力碳排放因子等按照之前年度的降幅演进；新能源汽车财税激励政策到 2022 年底终止后不再实施，其他政策按照行业自身发展需要设置。另一种是双碳情景，基于 2030 年前提前碳达峰、2060 年前提前碳中和的要求，需要继续实施一定的财税支持政策，产业技术进步、新能源汽车市场占比提升、单车低碳和电力绿色发展的要求更加激进。两种情景下主要是对燃油汽车和新能源汽车的政策力度差异，基线情景下新能源汽车的补贴、车辆购置税优惠 2023 年起不再实施，对燃油汽车不再继续加大限制力度（如限行、限购加码）；双碳情景下车辆购置税优惠继续实施一段时间，对燃油汽车的限制政策继续加大，从而影响消费者的购车选择。基线情景与双碳情景下的政策与主要参数变化情况见表 2-2。

表 2-2　基线情景与双碳情景下的政策与主要参数变化情况

情景类别	政策、市场情况	主要变化的参数
基线情景	2023 年及之后对 NEV 不再实施车辆购置税优惠政策	1. 车辆电动化比例 2. 电力、氢气等能源上游碳排放因子 3. 燃油汽车平均油耗 4. 材料回收比例
双碳情景	继续实施车辆购置税优惠政策 充电基础设施支持力度加大 电力生产清洁化进程加快	

2.2.3 碳排放分析模块

碳排放分析模块由汽车生产碳排放子模块、汽车行驶碳排放子模块、汽车上下游碳排放子模块组成。

1. 汽车生产碳排放子模块

汽车生产碳排放由整车生产碳排放和零部件生产碳排放组成。生产过程中用能导致的碳排放主要由三部分组成：

1）**企业直接使用化石能源产生的碳排放**。包括自用车辆使用汽、柴油等导致的碳排放、企业使用化石能源发电、供热等导致的碳排放。

2）**企业外购的电力和热力碳排放**。外购的电力、热力碳排放主要由外购电力、热力的量和碳排放因子决定。

3）**工业生产过程碳排放**。如 CO_2 保护焊直接逸散。

计算公式为：

汽车生产碳排放 = 化石燃料消耗量 × 化石燃料燃烧排放转换系数 + 购入电力 × 电力排放因子 + 购入热力 × 外购热力排放因子 + CO_2 保护焊直接逸散

汽车整车生产主要是冲压、焊接、涂装、总装四大工艺，为此选取冲压车间、焊接车间、涂装车间、总装车间四大工艺车间与动力站房作为核算边界，将化石燃料直接燃烧排放、购入电力和热力上游排放、工业生产过程排放（如 CO_2 保护焊直接逸散）作为排放源。汽车零部件企业可根据使用的能源总量以及能源碳排放因子进行计算得出，为分析企业碳排放的构成，也可根据各自生产工艺等进行分类后分析。

2. 汽车行驶碳排放子模块

按照关键数据统计来源不同，主要的交通碳排放计算方法可分为以能源消耗为核心的"自上而下法"和以出行数据为核心的"自下而上法"。具体如图 2-2 所示。

自上而下法是以能源消耗为核心，是目前计算能源碳排放最常用的方法，其原理是以燃料消耗量乘以各类燃料碳排放因子，累计得到碳排放总量。自下而上法是以出行数据为核心，以各类交通工具移动距离乘以单位移动距离的二氧化碳排放因子，累计得到碳排放总量。本研究利用"自下而上"法进行计算。

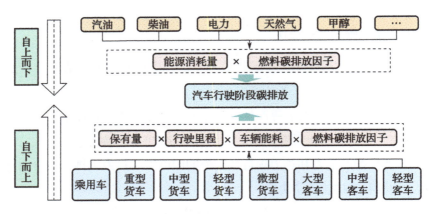

图2-2 "自上而下法"与"自下而上法"示意图

采用自下而上法计算汽车行驶阶段碳排放，主要受各车型（纯电动汽车、燃油汽车、燃料电池汽车、插电式混合动力汽车）保有量、各车型单车能耗、各车型年行驶里程与燃料碳排放转化系数4方面因素影响。在用车行驶阶段，碳排放影响因素如图2-3所示。汽车行驶碳排放计算如下：

汽车行驶碳排放 C_2 = 乘用车行驶碳排放 + 商用车行驶碳排放

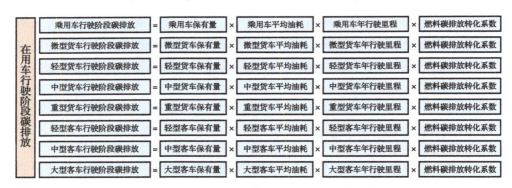

图2-3 汽车行驶阶段碳排放影响因素

3. 汽车上下游碳排放子模块

汽车上下游碳排放 C_3 等于汽车原材料开采过程碳排放、汽车材料冶炼过程碳排放、汽车回收拆解碳排放、能源上游生产过程碳排放之和。

1) **材料生产阶段碳排放**。指汽车使用的不同材料如钢、铁、塑料、橡胶等在生产阶段的碳排放，由汽车原材料开采过程碳排放和汽车材料冶炼过程碳排放组成。材料排放受生产年产量、整车整备质量、不同材料组成、动力电池容量、不同材料碳排放因子等因素决定。由于车用零部件数量众多，基础数据缺乏，同时车用动力电池主要原材料，如镍钴锰酸锂 NMC – 111 正极活性材料、石墨、电解液六氟磷酸锂（$LiPF_6$）的碳排放均要高于车身主要材料钢铁，造成动力电池占纯电动汽车生命周期的碳排放较高，因此也需要计算动力电池材料上游环节的碳排放。

2）能源生产阶段碳排放。指汽油、柴油、氢气、电力等不同车用能源生产过程的碳排放，由汽车使用的不同车用能源总量、不同能源生产碳排放因子决定。汽车使用的车用能源总量受不同燃料车型的汽车保有量、年行驶里程、单车碳排放（能耗）决定，能源生产阶段碳排放因子由石油化工行业、电力行业生产、运输等阶段的碳排放决定。如纯电动汽车使用的电力基于电力生产结构，火电、光伏、风电、水电等所占比例的变化对电力碳排放因子影响较大。

由于报废汽车回收拆解过程碳排放缺乏基础数据，短期内也无法通过企业调研获取，因此，暂不进行计算。

2.2.4　基础数据

整车生产阶段碳排放数据基于企业调研。由于国家层面当前暂无明确的针对汽车制造业的温室气体排放核算方法，本书主要参考 2021 年国家层面发布的电力行业最新核算办法《企业温室气体排放核算方法与报告指南　发电设施》，借鉴 2013—2015 年发布的《中国发电企业温室气体排放核算方法与报告指南（试行）》《机械设备制造企业温室气体排放核算方法与报告指南（试行）》等文件。

人口数据参考国务院《国家人口发展规划（2016—2030 年）》。汽车保有量历史数据主要采用国家统计局的相关数据。乘用车整车整备质量、百公里油耗参考工业和信息化部、商务部、海关总署和市场监管总局联合发布的《2020 年度中国乘用车企业平均燃料消耗量与新能源汽车积分情况公告》等数据。乘用车中私家车年行驶里程参考交通运输部规划研究院 2020 年《交通领域"十四五"期间油控方案研究》报告，营运出租车根据调研数据获取。

车用燃料直接燃烧 CO_2 排放转化系数：汽油 2.37kgCO_2/L、柴油 2.6kgCO_2/L 均为 GB 19578—2021《乘用车燃料消耗量限值》数据。天然气 2.16kgCO_2/m³ 由中汽中心中国汽车战略与政策研究中心分析测算得出。

车用能源上游生产碳排放因子：汽油 0.504kgCO_2/L 和柴油 0.55kgCO_2/L 根据中国石油集团经济技术研究院数据测算。天然气 0.07kgCO_2/m³ 参考《中国汽车低碳行动计划报告（2021）》，外购热力 0.11tCO_2/GJ 参考《中国钢铁生产企业温室气体排放核算方法与报告指南（试行）》。电力 0.5839kgCO_2/kW·h 参考生态环境部《企业温室气体排放核算方法与报告指南 发电设施》。氢气 19.2kgCO_2/kg 由中汽中心中国汽车战略与政策研究中心分析测算得出。

车用能源运输阶段、车用材料运输阶段、汽车回收拆解阶段碳排放，由于基础数据缺乏，此次暂不进行测算。

2.3 汽车碳排放现状分析结论及预测

2.3.1 汽车碳排放总量

2021 年汽车碳排放总量计算结果如图 2-4 所示。2021 年汽车碳排放总量约为 12.8 亿 t 二氧化碳当量。其中，汽车生产碳排放约为 1600 万 t，汽车行驶碳排放约为 9 亿 t，汽车上下游碳排放为 3.6 亿 t 左右。汽车行驶直接燃烧汽、柴油产生的二氧化碳排放约占总排放量的 70%。

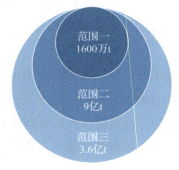

图 2-4　2021 年汽车碳排放总量及组成

基线情景下，现行支持政策按时到期不再延续，汽车碳排放预计在 2032 年左右达到峰值，总量达到 16.45 亿 t，如图 2-5a 所示。到 2060 年仍有 8.8 亿 t 二氧化碳排放，如图 2-6a 所示，无法提前实现碳中和。

双碳情景下，汽车碳排放预计在 2027 年左右达到峰值，总量达到 15 亿 t 左右，如图 2-5b 所示。到 2060 年有 1.14 亿 t 碳排放，如图 2-6b 所示，可基本实现国家碳中和目标下的碳减排要求。

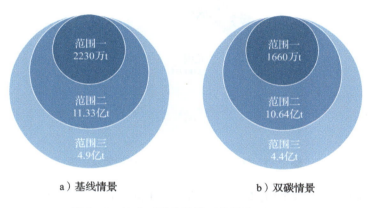

图 2-5 汽车碳排放达峰时排放总量及组成

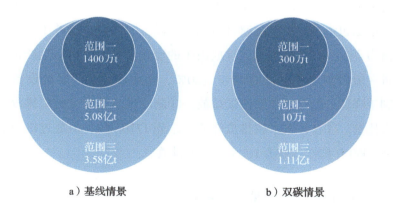

图 2-6 2060 年汽车碳排放总量及组成

2.3.2 汽车生产碳排放现状及趋势

2021年汽车生产碳排放总量在1600万t,由直接使用化石能源导致的碳排放、外购热电碳排放和生产工程碳排放组成。外购电力导致的碳排放在汽车生产阶段碳排放中占有绝对比重,达到80%以上,如图2-7所示。

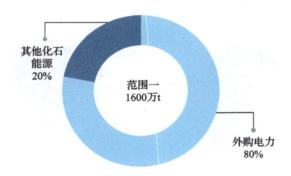

图2-7 2021年汽车生产碳排放总量及组成

汽车生产碳排放影响因素及未来趋势:①新车产销量的增长。汽车生产碳排放随着汽车产销量的上升而增加,尤其是新能源汽车产销量的快速增长导致车用动力电池生产阶段的碳排放增加。由于动力电池生产工厂主要进行单体电池生产、电池包组装,不涉及原材料获取阶段,因此碳排放并不太高,总体来看增长潜力不大。②外购电力碳排放因子的变化。目前,汽车生产企业自建光伏发电量一般占到总用电量的10%~20%,企业自建光伏发电设备的逐步增加,有利于降低外购电力导致的碳排放。③制冷供热等导致的碳排放在某些企业占较大比例。④预计未来碳排放峰值会达到1770万t,但通过电力清洁化等措施可在2060年降至300万t,实现净零排放。

2.3.3 汽车行驶碳排放现状及趋势

2021年度汽车行驶直接燃烧化石燃料的CO_2排放量约9亿t,其中乘用车与商用车分别占47%、53%,具体如图2-8所示。

第2章 排放摸底：汽车碳排放现状及未来预测

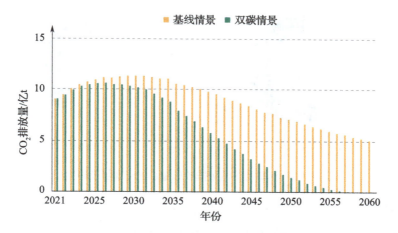

图 2-8 汽车行驶 CO_2 排放量预测

基线情景下，汽车行驶碳排放在 2031 年达到峰值 11.34 亿 t。汽车保有量峰值为 5.6 亿辆，新能源汽车保有量占比 2030 年达到 15%，2060 年达到 70%。

双碳情景下，汽车行驶碳排放在 2027 年达到峰值 10.64 亿 t。汽车保有量峰值为 5.6 亿辆，新能源汽车保有量占比 2030 年达到 22%，2060 年达到 100%。

汽车行驶阶段的碳排放主要受纯电动、燃油汽车、燃料电池汽车、插电式混合动力汽车保有结构的直接影响。新能源乘用车在新车销售中的渗透率比新能源商用车高，因此，乘用车行驶阶段的碳排放比商用车更早达峰，同时，行驶阶段实现零排放的难度也比商用车小。新能源商用车的车价比燃油商用车高不少，电动化进程比乘用车慢，也受到国民经济发展和周转量的影响。

2.3.4 汽车上下游碳排放现状及趋势

汽车上下游碳排放受能源生产、材料生产影响较大。2021 年汽车上下游总的排放为 3.6 亿 t 左右。材料上游与能源上游的碳排放各占一半，两者之比为 45%:55%，2060 年会演变为 60%:40%。乘用车上下游碳排放与商用车上下游排放各占 50% 左右，相对来说商用车所占比例略高于乘用车。汽车上下游碳排放总量、组成现状及趋势如图 2-9 所示。

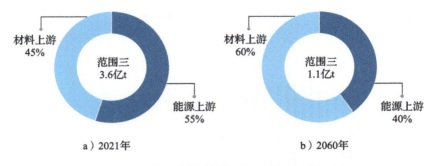

图2-9 汽车上下游碳排放总量、组成现状及趋势

车用材料的碳排放受新车生产量影响较大。未来新车年生产量也将长期小幅度平稳增长，汽车整备质量也在逐步提升，生产阶段新能源汽车相对于燃油汽车增加了车用动力电池的碳排放，新车中新能源汽车渗透率的提升也将加大材料上游的碳排放。基线情景下，材料上游的碳排放峰值将达到2.3亿t左右，到2060年还有1.6亿t的碳排放；双碳情景下，材料上游的碳排放峰值为2.0亿t，到2060年还有0.7亿t的碳排放。其中，整车整备质量的变化、不同的车用材料、能源清洁化程度、生产设备效率和生产工艺、资源再利用水平等均会对材料上游的碳排放产生较大的影响。

车用能源生产的碳排放受汽车保有量、汽车行驶特征、车用能源结构、不同能源生产阶段碳排放因子影响较大。未来较长一段时期内，汽车保有量还将逐步增长，汽车电动化率的逐步提高虽然降低了汽车行驶阶段碳排放，但短期受电力碳排放因子较高的影响，同时由于汽、柴油开采、冶炼与运输阶段的碳排放因子下降潜力有限，会造成一段时期内车用能源上游碳排放的增加。基线情景下，能源生产的碳排放峰值将达到2.9亿t，2060年还有2.0亿t的碳排放；双碳情景下，能源生产的碳排放峰值将达到2.5亿t，2060年还有0.4亿t的碳排放。

2.4 小结

由于汽车行业产业链条长，向上可以追溯到零部件制造、车用材料制造甚至矿产开采等相关行业，向下可以到二手汽车、汽车回收、汽车废弃等，要分析汽车碳排放现状及趋势，首要的是厘清核算边界。本章提出汽车碳排放的范围一、二、三，运用相关模型并利用相关数据，分析了 2021 年汽车碳排放总量，并对 2022—2060 年基线和双碳情景下的碳排放进行了预测。汽车生产阶段碳排放相对较少，汽车碳排放的重点应是汽车行驶阶段，汽车上游的能源、材料也有较大的碳排放量。

第3章
低碳制造：汽车工业排放与减碳路径

制造阶段碳排放虽少，但低碳制造体现汽车工业竞争力。

汽车制造主要包括整车制造和零部件制造，我国具备整车生产资质的企业有240多家，改装车企业有1700多家，此外，还有成千上万家汽车零部件企业。这些企业在生产汽车及零部件的过程中，会产生一定的二氧化碳排放，因此，需要分析汽车制造环节碳排放情况，提出减排路径和措施。

3.1 汽车生产

1. 汽车生产过程

传统的燃油乘用车生产工厂以年产10万辆到20万辆的居多，单个商用车工厂的产能为5万辆的较为普遍，2021年前由于新能源汽车产销规模相对较小（年产销规模100万辆左右），现有企业的工厂中年产能为5万辆的较多，但随着2021年新能源汽车市场年销量快速增长到352万辆，达到2020年的1.6倍，新建的新能源汽车工厂也基本从之前的年产能5万辆为主提高到10万辆产能起步。

汽车生产过程一般分为冲压、焊接、涂装、总装四大环节，如图3-1所示。冲压是使金属板料在冲模中承受压力而被切离或挤压成零部件的形状，汽车车架以及大多数车身板件和零件都由模具冲压形成。焊接是将冲压完成的车身板件局部加热或同时加热、加压而结合在一起，形成车身总成。涂装是为了防腐蚀和增加美观程度，包括喷漆前预处理和底漆、喷漆工艺、烘干工艺等。

总装是将车身、底盘和内饰等各个部分组装在一起,形成一辆完整的车辆。汽车的生产流程如图3-2所示。

图3-1 汽车生产四大工艺

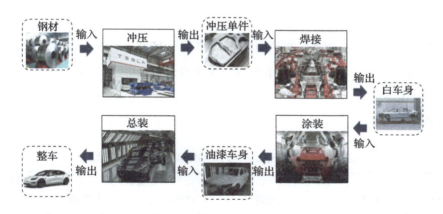

图3-2 汽车生产流程图

2. 生产过程中的温室气体排放

汽车整车生产过程中的碳排放以能源使用产生的二氧化碳排放为主,使用的能源有电、气、水、燃油(汽油、柴油)。

1) **外购电力**。电力主要从外部接入,也有一些新建的汽车企业在厂区内搭建光伏太阳能板。

2) **天然气**。工厂的锅炉房、食堂及涂装车间,都会消耗一定量的天然气,从而会产生二氧化碳排放。

3) **水**。主要是采暖用水和冷却用水,如涂装工艺空调冷冻水,以及冲压、焊接工艺循环冷却水等。

4) **自用汽、柴油的排放**。汽车生产工厂一般建有独立的供油站,主要是要对总装车间生产完毕的整车加入少量的汽油、柴油。汽车工厂自有车辆在行驶过程中燃烧汽、柴油,也会产生一定的碳排放。

除了以上碳排放以外,在焊接过程中,CO_2保护焊保护气的释放,也会产生一些二氧化碳排放。

3.2 排放现状

1. 汽车制造排放总量

2016年以来,中国汽车年产销量在2500万~2800万辆左右,具体见表3-1所列。据初步测算,2021年汽车制造阶段排放为1600万t,占汽车总体排放的比例为1%左右。由于冲压、焊接、涂装、总装等工艺的自动化率比较高,因此用电需求相对较大,导致工厂80%以上的碳排放是使用电力导致的。

表3-1 1990—2022年汽车与新能源汽车年度产销量

年份	汽车				新能源汽车				新能源销量占比
	产销量/万辆		同比增速		产销量/万辆		同比增速		
	产量	销量	产量	销量	产量	销量	产量	销量	
1990	50.9	—	—	—	—	—	—	—	—
1991	70.9	—	39.2%	—	—	—	—	—	—
1992	106.2	—	49.8%	—	—	—	—	—	—
1993	129.7	—	22.1%	—	—	—	—	—	—
1994	135.3	—	4.4%	—	—	—	—	—	—

（续）

年份	汽车				新能源汽车				新能源销量占比
	产销量/万辆		同比增速		产销量/万辆		同比增速		
	产量	销量	产量	销量	产量	销量	产量	销量	
1995	145.3	—	7.3%	—	—	—	—	—	—
1996	147.5	—	1.5%	—	—	—	—	—	—
1997	158.3	—	7.3%	—	—	—	—	—	—
1998	162.8	160.3	2.9%	—	—	—	—	—	—
1999	182.3	183.2	12.0%	14.3%	—	—	—	—	—
2000	206.9	208.9	13.5%	14.0%	—	—	—	—	—
2001	233.4	236.4	12.8%	13.2%	—	—	—	—	—
2002	325.1	324.8	39.3%	37.4%	—	—	—	—	—
2003	444.4	439.1	36.7%	35.2%	—	—	—	—	—
2004	507.1	507.1	14.1%	15.5%	—	—	—	—	—
2005	570.8	575.8	12.6%	13.5%	—	—	—	—	—
2006	728.0	721.6	27.5%	25.3%	—	—	—	—	—
2007	888.2	879.2	22.0%	21.8%	—	—	—	—	—
2008	934.5	938.1	5.2%	6.7%	—	—	—	—	—
2009	1379.1	1364.5	47.6%	45.5%	0.03	0.04	—	—	0.00%
2010	1826.5	1806.2	32.4%	32.4%	0.21	0.05	627.7%	25.0%	0.00%
2011	1841.9	1850.5	0.8%	2.5%	0.41	0.62	95.3%	1140.0%	0.03%
2012	1927.2	1930.6	4.6%	4.3%	1.3	1.3	205.6%	106.3%	0.07%
2013	2211.7	2198.4	14.8%	13.9%	1.8	1.8	39.7%	37.9%	0.08%
2014	2372.3	2349.2	7.3%	6.9%	7.8	7.5	347.7%	323.8%	0.32%
2015	2450.3	2459.8	3.3%	4.7%	34.0	33.1	333.7%	342.9%	1.3%
2016	2811.9	2802.8	14.8%	13.9%	51.7	50.7	51.7%	53.0%	1.8%
2017	2901.5	2887.9	3.2%	3.0%	79.4	77.7	53.8%	53.3%	2.7%
2018	2780.9	2808.1	-4.2%	-2.8%	127.0	125.6	59.9%	61.7%	4.5%
2019	2572.1	2576.9	-7.5%	-8.2%	124.2	120.6	-2.3%	-4.0%	4.7%
2020	2522.5	2531.1	-2.0%	-1.9%	136.6	136.7	7.5%	10.9%	5.4%
2021	2608.2	2627.5	3.4%	3.8%	354.5	352.1	159.5%	157.5%	13.4%
2022	2702.1	2686.4	3.4%	2.1%	705.8	688.7	96.9%	93.4%	25.6%

2. 结构分析：制造阶段碳排放的主要环节

根据2021年对企业初步调研的数据来看，单个汽车工厂一年的碳排放量一般超过1万t，一家年产10万辆乘用车的工厂一年的碳排放在3万t左右。能维持正常生产的汽车工厂产能越大，生产线和生产设备越多，其碳排放也会逐步增加。汽车整车制造四大工艺及动力站房的碳排放结构如图3-3所示。

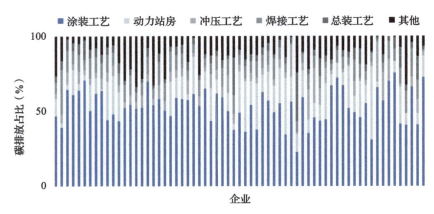

图3-3 不同汽车整车企业制造环节的碳排放分析

1）冲压。车间生产会使用电力，车间采暖会使用采暖热水，车间空调会使用冷冻水制冷等。冲压车间的碳排放大概占工厂整体碳排放的5%。

2）焊接。车间生产会使用电力和压缩空气，车间采暖会使用采暖热水，车间空调会使用冷冻水制冷等。焊接过程中为了使焊缝成形良好，使飞溅降低到最小的程度，会使用保护焊，保护气体是二氧化碳，会产生一些二氧化碳排放。相对来说，焊接车间的碳排放较多，一般仅次于涂装，在有些工厂甚至占整体碳排放的30%左右。

3）涂装。车间生产会使用电力和压缩空气，车间采暖会使用采暖热水，车间空调、生产工艺都会使用冷冻水制冷等。由于涂装车间是消耗能源的主要车间，因此其碳排放占到工厂排放的一半左右，一般在40%~60%之间。涂装车间碳排放主要集中在喷漆、烘干、电泳三大环节，通过余热利用、自动化预热等技术可有效实现节能减碳。

4）**总装**。车间生产会使用电力，车间采暖会使用采暖热水，车间空调会使用冷冻水制冷，生产线生产完毕的整车也会使用一定量的汽油。总装车间的碳排放大概占工厂整体碳排放的5%。

5）**动力站房**。动力站房及其他用能的碳排放大概占10%。

总之，每个汽车工厂的碳排放情况并不一样，冲压、焊接、涂装、总装等工艺车间的碳排放量和比例并不相同，碳排放相对比较大的是涂装环节，其次是焊接环节。

3.3 减碳技术

汽车整车生产过程中的碳排放以使用能源产生的二氧化碳排放为主，使用的能源主要为电、气、水、燃油（汽油、柴油）。因此，减碳的关键是让使用能源的过程达到近零排放，达到近零排放的主要路径是使用可再生的绿色电力。

1. 电力近零排放

由于现有四大工艺及动力站房用电导致的碳排放占工厂碳排放的80%以上，因此工厂实现近零排放的主要路径是使用可再生能源转化成的绿色电力。

2. 电力替代天然气

天然气主要用于工厂供热，传统的减排路径主要是通过节能减排技术、能源电气化（替换为电力）等逐步降低碳排放。目前，热泵、跨季储热等也成为替代天然气供热的备用选择。

3. 电力替代燃油

通过生产转型，将以燃油汽车为主的产品转变为新能源汽车后，这些汽车出厂时补充的能源也由汽、柴油转变为电力。工厂自用的车辆也可替换为新能源汽车，实现工厂交通的电力替代。

4. 碳中和冷却技术：空调制冷剂和 CO_2 转换为液体燃料

虽然二氧化碳是全球变暖的原因之一，但它也是可以在冷却系统中使用的制冷剂。就汽车产品来看，戴姆勒是第一个推出了二氧化碳空调系统并推向市场的汽车企业，大众 ID 系列电动汽车也采用了环保型的二氧化碳空调系统。就汽车工厂来看，汽车工厂的供暖、通风和空调系统可以与二氧化碳捕获装置和化学反应器相结合，将捕获的二氧化碳现场转换为液体燃料。

3.4 主要路径

虽然碳中和的终极目标是零排放，但是向零碳生产迈进的过程不是一蹴而就的。因此，还需要结合技术发展、减排成本等各个方面的因素采取循序渐进的措施。

1. 能效提升

能效提升主要是针对目前使用电力、天然气、冷却水、车用燃油等用能过程的节能减排技术，如提升涂装机器人、焊机等用能设备效率，直接减少能源的消耗，从而减少用能导致的二氧化碳排放。

应用高效照明设施，室内（如车间）照明可采用节能型灯具，以减少使用电力带来的间接碳排放。

可合理利用室外新风，降低建筑物的空调负荷。如在厂房屋顶设置通风天窗。

材料的回收再利用、加强设备的余热利用、余压的梯级能源利用，也可降低能源的消耗，从而降低用能导致的碳排放。

工厂所使用车辆的能效改进。如降低燃油汽车的单车燃料消耗量和车辆的使用频率。

2. 高效热源

通过地热源、空气源、跨季储热等多能热源形式，降低使用传统化石燃料导致的碳排放。

3. 工艺改进

工艺改进主要是自动化工艺的应用、先进工艺的使用、现有工艺的优化以及减少相应的工序，从而减少能源的消耗。

目前，特斯拉正在通过一体化压铸工艺（图3-4）推进汽车产业的生产革命。特斯拉的一体化压铸拓展至前地板，大幅减少零部件数量及相应的焊接工序，从而降低了碳排放。根据特斯拉公告显示，2020年特斯拉公布的Model Y一体化压铸后地板方案，可将零件个数由70个减少至1或2个；2022年Q1财报公布的美国得克萨斯州奥斯汀工厂生产一体化压铸车身的方案，可将前、后地板零部件数量从171个减少至2个，焊接点数量减少超1600个。由于减少了零件数、减少了车重，相应地也减少了碳排放。但是一体化压铸可能有着非常高昂的后期维修成本，因为过去一次小的碰撞可能只需要更换一两个零部件，而如今只能整体更换。另外，一体化压铸后底板一般为铝合金材质，铝合金材料的碳排放相对钢铁更高一些。

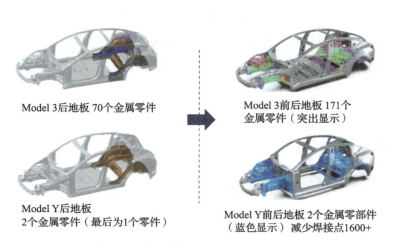

图3-4 特斯拉一体化压铸后地板与一体化压铸前后地板对比

4. 低碳材料

汽车生产会使用钢、铝、塑料等多种材料，不同的材料碳排放并不一样。由于铝材生产的碳排放强度大大高于钢材生产的碳排放，基于对不同车用材料生命周期的碳排放比较，钢铝混合车身材料的碳排放比全铝车身的碳排放要低16%以上。

5. 能碳管理

建立厂区能源信息化管控系统，掌握不同环节的碳排放情况，对碳排放较大的环节加强碳排放管理和优化措施。提升关键制造工艺装备智能化、信息化水平，对生产用能、车用材料能碳进行实时监测，分析碳排放情况，通过信息化技术有效降低生产环节碳排放。

6. 绿色电力

一方面是工厂自建太阳能光伏发电。构建厂区屋顶分布式光伏，同时与配电网售电融合，工厂富余的绿色电力可以提供给电网使用。物流和厂区道路照明也可采用LED光源和太阳能路灯。另一方面是外购绿色电力。分析外购电力的碳排放情况，加强工厂的布局优化，将电力高碳排放的工厂转移到可再生能源丰富的地区，提升绿色电力采购应用水平。

3.5 减碳成本

减碳成本最主要的仍然是绿色电力的成本与现有电力成本的差距。其次是能源替代，如天然气替代为电能可能导致的成本增加。最后，是能效提升、采用高效热源、生产工艺改进、替代为低碳材料等增加的成本。

假设工厂自建太阳能光伏能满足10%~20%的电力需求，剩下的80%需要外购绿色电力。因此，减碳成本主要是外购绿色电力与现有燃煤发电的价格差，以及工厂自建光伏的成本和外购电力的价格比较。

目前，在有的地区，光伏发电的上网电价已与燃煤发电上网价格持平。譬如，按照四川省 2022 年新建风电、光伏发电项目上网电价政策，2022 年，对新核准陆上风电项目、新备案集中式光伏电站和工商业分布式光伏项目上网电价，延续平价上网政策，按四川省燃煤发电基准价 0.4012 元/ kW·h 执行。

3.6 减碳主体与措施

汽车制造工厂碳排放的减碳主体是汽车整车生产企业和零部件生产企业。

1. 整车生产企业减碳措施

1) 摸底。整车生产企业主要是四大工艺和动力站房用能导致的碳排放。碳排放要按照生态环境部等部门发布的相关核算办法，对企业的碳排放进行客观核算。

2) 明确责任和目标。明确整车生产企业应该承担的减碳责任，以及未来面向碳达峰、碳中和的减排目标，譬如制定生产运营碳排放中和的时间表。

3) 分析减碳路径。主要是技术路径、短中长期的具体减碳措施。在加强能碳基础分析的基础上，研究能效提升、高效热源、生产工艺改进、替代为低碳材料、电能替代等不同路径下的技术成熟度和减碳成本，为企业低碳发展提供资金投入和保障措施。

2. 关键零部件企业减碳措施

根据零部件企业的不同，采取不同的减碳措施。企业应该进行碳排放摸底，明确责任和减排目标，分析减碳路径和主要措施。车用动力电池是新能源汽车的关键零部件，电池生产企业应该高度重视企业自身的碳排放。深入分析正极材料、负极材料、电芯组装生产、电池包（含 BMS）组装生产过程中的碳排放情况，甚至包括动力电池回收时的部件拆卸、梯次利用、再生利用、报废回收等环节的碳排放。针对不同的环节从工艺改进、材料利用、能源使用等角度，研究可行的减碳措施。

3.7　小结

汽车制造阶段虽总量不大，但也是汽车企业竞争力的充分体现。本章主要对整车制造阶段四大生产工艺的碳排放情况进行了分析，其中涂装是排放大户，主要的碳排放源是电力的使用。为此，需要通过能效提升、高效热源、工艺改进、低碳材料、能碳管理、绿色电力等诸多措施来降低制造阶段的碳排放。

第4章
低碳交通：汽车交通排放与减碳路径

汽车脱碳，重在交通。普及新能源汽车，兼顾内燃机能效提升、运输结构调整和零碳燃料发展。

交通运输领域减排对我国实现碳达峰碳中和目标至关重要。一方面，交通运输领域碳排放是当前我国仅次于电力、工业的第三大排放源。2014年中国交通运输领域温室气体排放量为8.28亿tCO_2e，占全国温室气体排放总量的6.7%。其中，道路交通领域的排放占交通运输领域排放的84.1%。另一方面，随着经济社会的发展，交通领域碳排放还将保持增长势头，占比还将继续提升。结合国际经验来看，交通减碳的难度也较大，交通既是减碳的重点，同时也是减碳的难点。

4.1 排放现状

2021年，汽车行驶阶段的碳排放量在9亿t左右。由于无法获悉车用汽、柴油的实际消费总量，所以主要是根据车辆保有量与行驶里程来计算的，行驶阶段碳排放结构分布如图4-1所示。从汽车三个范围的碳排放来看，行驶阶段的碳排放占总体碳排放的70%左右，因此，降低行驶阶段的碳排放是汽车减排的重要环节。为此，需要深入分析汽车行驶阶段碳排放的结构，抓住碳排放"大户"，探寻减排路径。

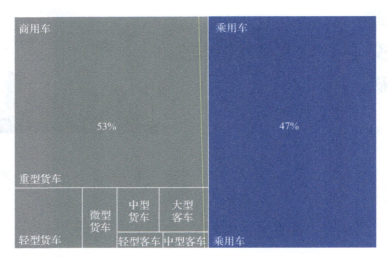

图 4-1　2021 年汽车行驶阶段碳排放结构分布

1. 乘用车碳排放分析

乘用车主要包括私人交通出行的小汽车和出租、网约车等。乘用车的碳排放主要受保有量、单车油耗、年行驶里程、燃料碳排放因子决定。2021 年乘用车碳排放大概占整体的 47%。私人小汽车的保有量较大，年均行驶里程大概 1 万 km，单车平均油耗大概 7L/100km，由于私人汽车中燃油汽车保有量占比较大，使得其碳排放总量相对较高。出租车虽然保有量只有 140 万辆左右，但由于其行驶里程较高，一年大概行驶 7 万~8 万 km，也有一定的碳排放。网约车由于缺乏基础的数据统计，同时一些地方和公司网约车中纯电动汽车的比例较高，因此，碳排放没有出租汽车的碳排放多。

近两年乘用车销售中新能源汽车的占比较高，2021 年销售的乘用车中新能源汽车占比已经达到 15.5%，2022 年超过 27%，随着乘用车电动化比例的提升，预计乘用车的碳排放会在 2030 年前先于商用车达到峰值。

2. 商用车碳排放分析

商用车的保有量并不高，但是由于其单车碳排放量高（单车油耗高）、行驶里程长（1.5 万~8 万 km），所以其碳排放量占比达到了 53%，超过乘用车。

由此可见，汽车减排应重点关注商用车的减排。

商用车碳排放分车型来看，重型货车的碳排放量最高，几百万辆重型货车的碳排放几乎和 2 亿多辆乘用车的碳排放相当。其次是轻型货车的碳排放，轻型货车在货车中的保有量最多，主要作为物流配送运输的交通工具，其碳排放仅次于重型货车。微型货车、中型货车、商用客车等其他车辆的碳排放相对较低。由此可见，商用车的减排重点是重型货车和轻型货车。

4.2 影响因素及趋势

1. 经济社会发展水平

随着经济社会发展水平的提升和人民收入的提高，乘用车进入更多的家庭，乘用车保有量的提升，导致了更多的汽车使用，同时也产生了更多的碳排放。千人汽车保有量是反映汽车保有量的指标，1996 年以来中国千人汽车保有量如图 4-2 所示，2021 年中国千人汽车（包含乘用车、商用车）保有量已达到 208 辆，

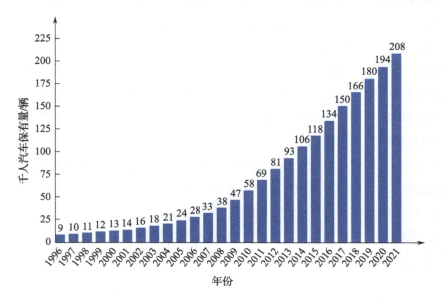

图 4-2 1996—2021 年中国千人汽车保有量

注：数据来源于国家统计局，不包含低速货车和三轮汽车。

和 20 世纪 90 年代相比有了大幅的提升，但和发达国家相比还有一定的增长空间。美国、欧洲的国家和日本的千人乘用车保有量一般都在 500～600 辆。工业的发展也会导致货物运输需求的不断提升，货运周转量是反映货物运输量的指标，由货运量和运输距离决定，货运周转量的增加，导致商用车的碳排放不断增长。

从经济社会的发展来看，一方面要满足人民日益增长的出行需要，另一方面工业的发展导致货物运输需求的增加，可能使得汽车保有总量逐步增加。与发达国家相比，由于中国的人口较多、道路资源有限、高铁里程较长，千人汽车保有量应该达不到欧美的水平，但众多的研究机构基本都认为中国的千人汽车保有量可以增长到 300～400 辆的水平，我国汽车保有量预计还将持续增长。

2. 能源安全

能源转型需要注重安全。我国推动新能源汽车的普及最初是为了能源安全。2021 年，中国石油对外依存度达到了 72%，过高的石油对外依存度使得能源供给容易受到国际政治和经济环境的冲击。新能源汽车的推广有助于实现车用能源的转型，从依靠传统的化石能源向可再生的新能源转变。在这个转型过程中，一方面，从国际政治的视角来看，与传统的化石能源相比，我国所用的太阳能和风能不容易受到国际政治的冲击，相对更加安全；另一方面，我国现在的能源结构是以一次能源为主，主要依靠化石能源，这些传统能源的退出必须建立在新能源能够安全可靠替代的基础上，也就是要"先立后破"，先建立安全可靠的新能源体系之后再转变，而不是"先破后立"，先把传统能源抛弃了，然后再向新能源转变。为此，基于当前以化石能源为主的车用能源结构，在以可再生能源电力为主的新能源体系尚未建立之前，不要贸然舍弃传统的化石能源。同时，中国作为能源消费大国，能源多元化也有助于分散风险。能源多元化需要多元化的汽车产品相适应，为此，要发展内燃机汽车、纯电动汽车、燃料电池汽车、低碳和零碳燃料汽车。

3. 交通运输结构

1）**交通出行结构**：城市内交通出行的主要方式包括公交、地铁、步行、自行车、私人小汽车、出租车和网约车等。如果一个城市形成了高度依赖小汽车的交通出行结构，则城市交通的碳排放量相对较高；如果城市形成了以步行、自行车、公交和地铁为主的交通出行结构，则城市交通的碳排放量相对较低。因此，应该通过交通需求管理、新建公共交通基础设施等方式推动城市内交通出行结构的调整。

2）货物运输结构：公路运输、铁路运输和水路运输的碳排放并不一样，中国目前的货物运输高度依赖以汽车为主的公路运输。2020年，公路、铁路、水路运输分别占货物运输总量的54%、27%和14%，公路运输分担率高于欧美国家。如果中国的货物运输能更多地转向铁路、水路，则有助于降低公路运输的压力，从而降低商用货车的碳排放。

4. 车辆保有量及结构

改革开放以来，我国汽车保有量不断增长。1978年我国民用汽车保有量只有136万辆。随着经济社会的发展和人民生活水平的提高，汽车逐步进入家庭，到2000年汽车保有量达到1609万辆，2012年达到1.09亿辆，2017年超过2亿辆，2021年底保有量达到2.94亿辆，2022年达到3.19亿辆，具体如图4-3所示。伴随着汽车保有量的增加以及小汽车的高强度使用，汽车交通领域碳排放也在不断增加。

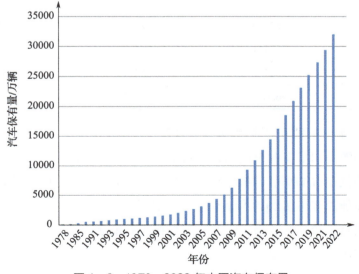

图4-3 1978—2022年中国汽车保有量

我国汽车保有结构仍以燃油汽车为主。截至 2022 年底，全国新能源汽车保有量达 1310 万辆，占汽车总量的 4.1%，过去十多年，新车销售中新能源汽车占比正在快速提升，2015 年新能源汽车占比超过 1%，2020 年超过 5%，2021 年跃升至 13.4%，见表 4-1 所列，2022 年提高到了 25.6%。照此趋势演进，汽车保有量中新能源汽车占比将逐步提升，燃油汽车占比下降，汽车碳排放的增幅也会有所收窄。

表 4-1　2009—2022 年中国汽车年销量、新能源汽车销量及占比

年份	汽车销量/万辆	新能源汽车销量/万辆	新能源汽车占比
2009	1364.5	0.04	0.00%
2010	1806.2	0.05	0.00%
2011	1850.5	0.62	0.03%
2012	1930.6	1.3	0.07%
2013	2198.4	1.8	0.08%
2014	2349.2	7.5	0.32%
2015	2459.8	33.1	1.30%
2016	2802.8	50.7	1.80%
2017	2887.9	77.7	2.70%
2018	2808.1	125.6	4.50%
2019	2576.9	120.6	4.70%
2020	2531.1	136.7	5.40%
2021	2627.5	352.1	13.40%
2022	2686.4	688.7	25.64%

从新能源汽车的车辆类型来看，2021 年新能源乘用车占新能源汽车的 95%，新能源商用车仅占 5%。按技术路线来看，纯电动汽车占比 83%，插电式混合动力汽车占 17%，以纯电动汽车为主的产销结构也有助于显著降低交通碳排放。新能源客车在 2019 年后销量就显著回落，主要是公交客车电动化的推进在前期取得了较好的效果，燃油汽车更换为新能源汽车的较多。2010—2021 年中国新能源汽车产量如表 4-2 所示。

表4-2 2010—2022年中国新能源汽车产量

年份	新能源乘用车/辆				新能源客车/辆				新能源货车/辆				总计/辆
	BEV	PHEV	FCEV	合计	BEV	PHEV	FCEV	合计	BEV	PHEV	FCEV	合计	
2010	956			956	807	280		1087	60			60	2103
2011	2009	329		2338	1360	197		1557	213			213	4108
2012	6523	262		6785	1681	905		2586	1204			1204	10575
2013	8623	718		9341	1724	3322		5046	1734			1734	16121
2014	38883	16558	6	55447	12697	13373		26070	3215			3215	84732
2015	143285	63755	10	207050	88248	24048		112296	46854			46854	366200
2016	247345	74229	64	321638	115664	19576		135273	58773	1	532	59306	516217
2017	449544	102073		551617	88556	16378	280	105214	151897		995	152892	809723
2018	749737	254414		1004151	91588	5950	707	98245	112431	3	909	113343	1215739
2019	843138	178858		1021996	73081	5269	1340	79690	72114	242	1682	74038	1175724
2020	921131	226923		1148054	54636	4061	1284	59981	70471	359	169	70999	1279034
2021	2520312	532205	21	3052538	44564	1731	1233	47528	161415	1875	1368	164658	3264724
2022	4516559	1462691	210	5979460	52898	1676	1274	55848	291334	2595	3954	297883	6333191

除了新销售车辆外，数量庞大的在用车一般都会行驶15年左右，有的老旧车辆甚至会随着车龄的增加导致油耗和污染物排放量的增加。因此，对在用车的管理也是重要的一方面。通过财税激励、行政管控（如禁止国Ⅱ车辆在城市外环以内行驶）可以推动老旧车辆的报废更新，从而改善汽车保有结构，逐步降低在用车辆的碳排放。

5. 车辆能效（单车能效）

从2005年开始，汽车行业一直进行产品油耗的管理，实施强制性的燃料消耗量管理标准，要求汽车企业逐步降低所生产车辆的燃料消耗量。燃油乘用车能效关键指标是百公里油耗，指汽车行驶100km消耗多少升汽油，油耗值越低能效越高。行业中传统能源乘用车油耗实际值逐年走低，从2016年的6.87L/100km降至2020年的6.31L/100km，年均降幅2.1%。计入新能源乘用车后，行业油耗实际值由2016年的6.43L/100km降至2020年的5.61L/100km，年均降幅3.32%。

新能源汽车尚未实施强制性的能量消耗量管理标准。新能源乘用车能效指标是百公里电耗，即行驶 100km 消耗多少电。据工业和信息化部装备工业发展中心统计，2021 年纯电动乘用车百公里电耗是 12.24kW·h，为持续提升新能源汽车能效水平，《新能源汽车产业发展规划（2021—2035 年）》提出到 2025 年纯电动乘用车百公里电耗降至 12.0kW·h。百公里电耗是衡量新能源乘用车能效的重要指标，即使新能源汽车使用的电力全部是来源于可再生的风能和光能，节能仍是很重要的工作，因此，还需要完善标准和相关管理措施，以推动新能源汽车能效的改善。

汽车单车的燃料消耗量水平受整备质量的影响较大，整备质量越大的车辆其百公里燃料消耗量越高。据工业和信息化部装备工业发展中心统计，2021 年乘用车的整备质量达到 1510kg。由于汽车质量的不断增加，汽车企业所做的燃油效率的改进，会被车重增加导致的燃料消耗量增加而抵消掉。可能是由于汽车的消费升级，导致了汽车呈现大型化的趋势，从而使得车辆燃料消耗量的年均降幅维持在 2% 左右。

在车辆实际使用中，车辆的实际燃料消耗量和试验室测得的燃料消耗量可能出现较大的差异，这主要是车速、驾驶者的驾驶行为、是否开空调等因素导致的差异。

6. 车辆出行里程

私人汽车在城市和农村、大城市和小城市的出行里程都有所差异。平均来看，一般私人小汽车的年行驶里程为 1 万 km 左右。北京、成都等城市过去十年的车辆年行驶里程有小幅的降低，但也许是家庭第二辆车的增加，使得车主用两辆车满足其出行需求，使得单车年行驶里程有所降低。未来私人汽车的年出行里程是增长还是下降，目前还无法判断。据国外实证实验的数据显示，无人驾驶等技术的应用导致车辆使用更加便利，会导致不必要出行的增加。但对一个家庭来说，如果家庭总出行里程不变，车辆的增加可能使得单车的出行里程下降。由于无法预判未来出行里程是增加还是减少，因此，在研究中一般都将私人汽车的年出行里程按照维持不变来进行计算。出租汽车的年行驶里程大概在 7 万~8 万 km，相当于 7 或 8 辆私家车的出行里程。因此，一辆燃油出租汽车行驶一年的碳排放是一辆私家车的 7~8 倍。

从商用车的出行里程来看，不同的车辆并不一样，总的来看，大概在 1.5 万~8 万 km 之间。其中，大城市公交客车每天的行驶里程大概在 200km，一年在 7 万 km 左右。环卫车辆的行驶里程较短，但由于多是低速行驶，单车的碳排放量仍然较高。

7. 燃料使用产生的碳排放

使用不同的车用能源，其碳排放并不一样。直接燃烧 1L 汽油产生的碳排放大概是 2.37$kgCO_2$，直接燃烧 1L 柴油产生的碳排放大概是 2.6$kgCO_2$，燃烧天然气的碳排放大概是 2.16$kgCO_2/m^3$。相比较来说，柴油的碳排放因子更高一些。

4.3　面向碳达峰的汽车技术路线

为降低交通领域碳排放，国务院出台的《2030 年前碳达峰行动方案》从运输工具装备低碳转型、构建绿色高效交通运输体系、绿色交通基础设施建设方面提出了工作方向。汽车作为道路交通的主要运输工具装备，为推动国家碳排放在 2030 年前碳达峰，面向碳达峰的汽车产品技术路线主要是致力于降低交通领域的碳排放。汽车行驶阶段的碳排放是燃烧汽、柴油产生的碳排放，同时传统汽、柴油汽车仍占汽车保有量的 90% 以上，因此，与传统汽、柴油汽车相比，能降低行驶阶段碳排放的产品都可视为低排放汽车。纯电动汽车、燃料电池汽车行驶阶段碳排放为零，是最重要的技术路线，插电式混合动力汽车、节能汽车（普通混合动力）、替代燃料汽车也是低碳的技术路线。除了电气化替代、节能技术应用、替代燃料这些汽车产品技术路线外，运输结构调整也是重要的减碳路径。

1. 电气化替代（新能源汽车推广）

电气化替代主要是将传统的汽、柴油汽车替换为纯电驱动的新能源汽车，新能源汽车包括三类，分别是纯电动汽车、插电式混合动力汽车（含增程式汽车）和燃料电池汽车。其中，纯电动汽车是最重要的低碳技术路线。纯电动汽车在交通环节的碳排放可以视为零，就是行驶阶段零排放。因此，应该大力鼓励新能源汽车的推广，以显著降低行驶阶段的碳排放。

2. 节能技术应用

面向碳达峰，普通混合动力也是重要的技术路线，它具有较好的减碳效果。据中国内燃机工业协会乘用车动力总成专业委员会[1]开展的研究显示，就当前技术水平而言，传统燃油汽车在换装混合动力系统后，可减少碳排放20%～40%。混合动力专用发动机还具备极大的热效率升级和降碳潜力。未来，随着混合动力专用平台发动机的开发，压缩比、行程缸径比、最高排气再循环（Exhaust Gas Recirculation，EGR）率、整机摩擦水平、智能热管理可进一步优化，加之主被动预燃室、稀薄燃烧、余热回收、均质充量压燃（Homogeneous Charge Compression Ignition，HCCI）、绝热技术等先进技术的成熟应用，预计在2023年、2025年、2030年混动专用发动机热效率分别有望达到43%、45%、50%，随着混合动力专用发动机和变速器的效率进一步优化，与现在的传统动力系统相比，未来可减少碳排放40%～60%。

此外，发动机、变速器产业年生产规模达千万台（套），转向生产混合动力系统所需的成本，大大低于新建同等规模的纯电动汽车用电机等系统生产设施的成本，可以用相对较小的投资实现较高的产出效率。

综上可见，混合动力等节能技术的应用，是面向碳达峰有效降低交通碳排放的重要技术，同时也具有较大的成本优势。到2030年碳达峰前还应大力推动混合动力等节能技术的应用。

3. 替代燃料

面向碳达峰，我国主要是控制二氧化碳排放。使用液化天然气（Liquefied

---

[1] 研究参与单位包括吉利汽车集团、一汽集团、长安汽车集团、东风汽车集团、长城汽车集团、泛亚汽车技术有限公司、上海交通大学、同济大学。

Natural Gas，LNG）等替代燃料的汽车能降低二氧化碳的排放，因此是面向碳达峰的技术路线之一。碳达峰方案中提出，鼓励液化天然气在车船的使用。据世界资源研究所的研究，天然气货车与柴油货车相比有20%的减碳效果，但由于天然气货车增加的甲烷排放抵消了天然气货车的减碳效果，从温室气体排放来看，天然气货车的减排效果并不明显。未来为加强温室气体排放的管控，我国实现碳达峰后不宜再大规模推广天然气货车。

4. 运输结构调整

世界资源研究所比较了运输结构优化、新能源汽车推广与应用、车辆能效提升等措施的减排潜力，认为在2035年前，由于新能源汽车总拥有成本比传统汽、柴油车高，市场渗透率尚未达到规模化的"临界点"，而运输结构优化的减排成本较低，且不存在技术门槛，因此在近期，运输结构优化的减排潜力最大。运输结构的调整，一方面是通过推动公路转铁路、公路转水路，实现从高碳的公路运输结构向相对低碳的铁路、水路运输的转移，降低公路运输在货运中的分担率，另一方面，通过运输结构调整、提升车辆运输效率（如降低空驶率）和运输能力（如提高平均载质量），从而提高公路运输的效率。为此，建议提高大宗商品长距离铁路和水路运输比例，促进高附加值货物的集装箱多式联运，开展铁路和水路基础设施投资建设与设备升级，合理调整运价与运输时间，完善最后一公里接驳，通过运输结构优化发挥更大的减排效应。

4.4 面向碳中和的汽车技术路线

中国所称的新能源汽车在国外（如美国的加州）一般称为零排放汽车，所谓零排放汽车，最开始是指汽车在行驶过程中排放的污染物（一氧化碳、氮氧化合物等）为零的汽车，纯电动汽车和燃料电池汽车在行驶中并没有尾气排放，自然是零排放，所以主要称这两类汽车为零排放汽车。随着交通领域温室气体减排压力的增大，更加关注交通领域二氧化碳的减排，这两类汽车在行驶中的二氧化碳也为零排放，因此零排放汽车现在更多的是指二氧化碳排放为零的汽车。插电式混合动力汽车因为偶尔还会燃烧汽、柴油,并不是零排放汽车。降低交通领域的碳排放,最终实现交通近零排放,主要还是依靠纯电动和燃料电池汽车。与此同时,随着技术的发展,也在研发和应用低碳甚至零碳的燃料,如通过捕捉空气中的二氧化碳,然后用可再生的电力制备成合成燃料,供汽车使用。虽然尾气排放了二氧化碳,但是由于燃料生产中的负碳效应,并没有人为增加空气中的二氧化碳排放,在整个燃料周期来看,也是零排放汽车。因此,在碳中和的目标下,零碳汽车需要从更大的视角来分析,不能只是关注油箱到车轮的汽车行驶阶段是否排放了二氧化碳,而应从油井到车轮的整个燃料周期来评价。

2060 年前汽车交通要实现碳中和,由于乘用车和商用车的技术现状、出行场景、影响因素并不一样,其技术路线也存在着差异。

1. 乘用车零碳动力技术路线

面向碳中和的汽车产品或存在 4 种技术路线竞相发展,如图 4-4 所示。目前是以燃烧化石燃料的内燃机汽车为主,其碳排放相对较高,如果仍然用传统的化石燃料,可以应用混合动力的技术来降低碳排放,未来通过使用低碳的燃料甚至零碳的燃料,也能成为实现零碳动力的汽车。如果是插电式混合动力汽车,行驶中可使用燃油也可使用电力,未来使用低碳甚至零碳的燃料和电力,也能成为零碳汽车。燃料电池汽车使用"蓝氢""绿氢",最终也能成为全生命周期零碳的汽车。目前这 4 种技术在互相竞争、共同发展,未来低碳潜力更大、大规模应用成本更低的技术可能会占据市场主流。

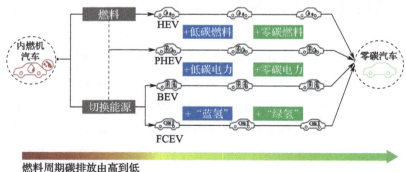

图 4-4 面向碳中和的主要技术路线

（1）纯电动乘用车

纯电动汽车（图4-5）是最重要的低碳技术路线。纯电动汽车在交通环节是行驶阶段零排放，从全生命周期角度，和内燃机汽车相比减碳40%。因此，纯电动汽车是最重要的低碳技术路线。纯电动汽车现在用的电

图4-5 五菱宏光MINIEV

力，67%是火电，未来随着风电、光伏发电比例的提升，新能源汽车会使用更多的低碳电力甚至完全使用零碳电力，就能成为生命周期零碳的汽车。

电池技术的进步仍然是影响纯电动汽车技术路线最重要的因素。2021年三元材料占总装车量的48.1%，磷酸铁锂具有低成本优势和较高的安全性，占比由2020年的38.3%提高到51.7%，见表4-3所列。未来，汽车动力电池技术还将不断进步，尤其是固态电池将上市应用，其安全性较磷酸铁锂电池更好、能量密度较三元锂电池更高，但囿于材料应用与技术不成熟、成本高昂等问题，尚未大规模生产。日系车企是自研固态电池的代表，但在启动量产方面更为保守，丰田、日产和本田统一在2024年建设试产线，为量产做准备，且均将批量生产时间设在2030年前。辉能科技计划在2023年实现固态电池量产，并供应电动汽车市场。2030年前固态电池得到量产的同时，若能显著降低成本，也将推动新能源汽车的更快普及。

表4-3 2020—2021年动力电池装机量分布

材料种类	2020年			2021年		
	全年装车量/MW·h	占总装车量比例	同比增长	全年装车量/MW·h	占总装车量比例	同比增长
三元材料	38858.1	61.1%	-4.1%	74346.9	48.1%	91.3%
磷酸铁锂	24382.9	38.3%	20.6%	79837.0	51.7%	227.4%
锰酸锂	222.8	0.4%	-55.9%	238.6	0.2%	7.1%
钛酸锂	116.3	0.2%	-69.6%	72.2	0.0%	-37.9%
其他	58.0	0.1%	-89.8%	0.3	0.0%	-99.5%
合计	63638.0	100.0%	2.3%	154495.0	100.0%	142.8%

注：数据来源于中国汽车动力电池产业创新联盟。

(2) 零碳燃料

零碳燃料和内燃机也是重要的技术路线之一，内燃机是否排碳，取决于它的燃料。零碳燃料是把空气中的二氧化碳捕捉，用清洁的电力制备形成的燃料，可提供给汽车等交通工具使用，如图4-6所示。相当于把空气中的二氧化碳捕捉之后，通过燃烧又释放出来，实际上并没有人为增加碳排放，从全生命周期来看是零碳排放，因此也可称之为碳中和燃料或碳中性燃料。由于零碳燃料的数据比较缺乏，可以用生物质燃料如玉米乙醇来和汽油比较。选取一辆轻型货车，生物乙醇和传统的汽、柴油在汽车使用环节碳排放差不多，车辆生命周期的原材料、生产制造的碳排放也相差不大，它们的碳排放差异主要体现在燃料生命周期的上游，生物乙醇在燃料的生产环节有一定的负碳效应，导致生物乙醇车辆相比汽油车减碳效果更大。初步比较，汽车全生命周期使用生物质燃料比汽油有40%的减碳效果，几乎可以和纯电动汽车的减碳效果媲美。未来零碳燃料会在燃料生产环节产生更大的负碳效应，作为车用能源使用后可实现燃料全生命周期零碳排放。

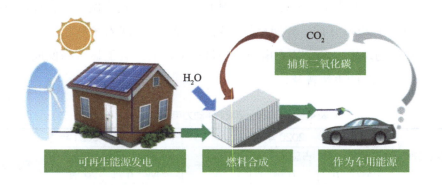

图4-6 零碳燃料的制备和使用示意图

清华大学帅石金等人在《碳中和背景下内燃机低碳和零碳技术路径及关键技术》论文中对燃油汽车和电动汽车实现碳中和的技术路径进行了对比分析，认为使用零碳燃料的内燃机汽车与纯电动汽车可以同时达到零碳排放的目标。内燃机汽车和纯电动汽车分别从动力系统和低碳能源共同发力，纯电动汽车主要依靠低碳、零碳的电力,内燃机汽车则依靠高效内燃机技术进步和低碳、零碳燃料(即碳中和燃料),殊途同归实现零碳排放。具体路径为:从全生命周期的碳排放来评价,在中国现阶段可以粗略地将混动汽车(带有高效汽油机)相比于电动汽车的碳排水平视为同等或略高;至2030年前后,由于采用低碳燃料(压缩天然气、液化天然气等低碳化石燃料)和生物质混合燃料(乙醇汽油、甲酯柴油等),以及内燃机效率的进一步提高,燃油汽车的碳排放将显著降低;至2040年前后,随着各种零碳燃料的应用(以高比例掺混使用),内燃机汽车的碳排放将进一步降低;最终在2050年前后,由于各种零碳燃料生产技术的成熟及成本降低,加之内燃机效率的显著提高(高达50%~60%),内燃机汽车可以实现零碳排放。具体演进如图4-7所示。

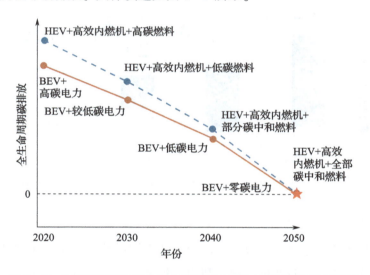

图4-7 内燃机汽车和电动汽车实现碳中和的技术路径对比示意图

(3)插电式混合动力汽车

从全生命周期的视角来看,插电式混合动力汽车(图4-8)虽然减碳效益没有纯电动汽车的40%那么大,但是和内燃机汽车相比仍然有30%的减碳效果(图4-9)。面向碳达峰,PHEV也是重要的技术路线,它具有较好的减碳效果。面向碳中和,PHEV也一样可以从车用动力技术进步和车用能源双管齐下,通过研发效率更高的动力技术和应用更低排放的车用能源,最终也可成为全生命周期零碳的汽车。

图4-8 比亚迪宋 PLUS DM-i

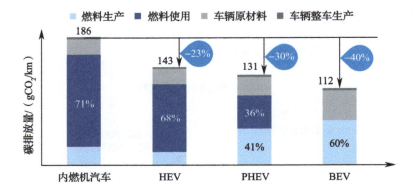

图4-9 内燃机汽车、HEV、PHEV、BEV 全生命周期碳排放比较

(4) 燃料电池汽车

燃料电池汽车(图4-10)也是全生命周期零碳的汽车技术路线之一。燃料电池汽车是新能源汽车的一种,利用燃料电池(把氢气的化学能直接转换成电能的发电装置)产生的电能驱动汽车。氢气通过和氧气发生化学反应产生能量,由于释放能量的过程无污染和温室气体排放,被视为清洁的二次能源。

国外发展燃料电池汽车以乘用车为重点,已逐步从基础研究、小规模示范向工程化、商品化阶段发展。丰田、本田、现代、奔驰等汽车企业已发布乘用车量产车型,基本突破关键技术瓶颈,关键材料、部件初步具备批量生产与供应能力,整车动力性能、续驶里程、寿命和环境适应性等方面接近传统燃油汽车水平。目前，车用氢燃料电池系统功率超过 100kW，系统寿命超过 5600h，平均氢耗约 0.87kg/100km，多采用 70MPa 储氢瓶。上汽集团、长城汽车也在研发生产燃料电池乘用车，上汽荣威 950 续驶里程达到 430km，循环寿命达到 5000h，低温起动温度可达 -20℃，目前有 10 辆车正在上海示范运营。截至 2022 年底，全球主要国家燃料电池汽车累计销量已经超过 6.7 万辆，排名前三的国家分别为韩国、美国和中国，累计销量分别达到 2.9 万辆、1.4 万辆和 1.2 万辆，国外燃料电池车辆以乘用车为主，我国燃料电池汽车以商用车为主。

图 4-10 丰田燃料电池汽车结构

2. 商用车零碳动力技术路线

虽然和乘用车相比商用车保有量并不大，但是类型较多、应用场景也众多，因此商用车的零碳动力技术路线更加复杂多样。初步来看，目前城市公交车正在通过电动替代快速实现全面电动化，在城市内运行的物流车、环卫车等车辆由于主要是在城市内行驶，依靠纯电动汽车可基本满足用车需求，也可实现较大的减碳效果。难点主要在长途行驶的商用货车，对于中重型货车的零碳动力技术路线，中国和欧洲等都在积极探索，目前来看，纯电动汽车（包括充电、换电模式）、燃料电池汽车、电气化高速公路可能是面向碳中和的主要技术路线。除了以上技术路线外，也有少量的企业量产了插电式混动货车，最大优势在于续驶里程长，适用于长距离运输场景。

综合考虑不同能源在生产及使用环节的碳排放情况，从能源周期的角度进一步分析典型场景下不同动力类型的货车碳排放水平和减碳趋势。其中，纯电动是货车领域实现碳减排的最佳技术路线，在长途干线货运场景下，2021年，纯电动重型牵引车较燃油汽车碳排放量减少约33%，到2035年，较燃油汽车的减碳量将超过64%，优势进一步扩大。燃料电池货车由于制氢环节的碳排放较高，短时间内无法赶超燃油货车和纯电动货车，但从长远来看，随着"绿氢"的发展及普及应用，以及更多更具适用性的应用场景的出现，燃料电池货车仍具有较大的减碳潜力，燃料电池重型牵引车到2035年的单车减碳量预计可达到63%。

（1）纯电动汽车

当前，新能源货车是以纯电动为主，插电式混合动力、燃料电池为辅的技术路线。根据《新能源汽车推广应用推荐车型目录》2018年第5批至2022年第3批统计分析，我国当前共有新能源货车4285款，其中纯电动车型3981款，占比为92.9%；插电式混合动力车型78款，占比为1.8%；燃料电池车型226款，占比为5.3%。纯电动车型在当前新能源货车中占据主导地位，搭载电池类型主要为磷酸铁锂、三元、锰酸锂和多元复合电池。其中，搭载磷酸铁锂电池的车型数量为3242款，占比达到72%，装配率明显高于其他类型的电池，三元锂电池、锰酸锂电池和多元复合电池占比分别为14%、6%和1%。

2022年，在货车整体销量下滑的背景下，新能源货车实现逆势增长，销量达26.4万辆，同比增长96.9%。换电模式作为新能源货车的新模式，在重型货车领域获得较多的应用，2022年销售12383辆，同比增长284%，占新能源重型货车的比例达到49.4%。

由于中重型货车主要用于长距离行驶，依靠电动替代加充电的方式，需要配装的电池容量比较大，增加车辆的整备质量，既增加了车辆的购置成本，又降低了车辆的行驶距离，同时充电时间相对较长，也不满足长途运输车辆的使用需要。为了解决充电时间过长的问题，一些企业正在推广换电模式，推出了一些换电车型，并在某些地区进行示范应用。

换电模式是指新能源汽车的电池可更换的模式，即车用动力电池在换电站中存储、充电，充满电后替换新能源汽车上的低电量电池。换电模式可实现"车电分离"，即车企将不含电池的电动汽车与电池分别销售给用户和电池运营商，降低消费者购置成本。换电模式可实现快速补充能源，解决"里程焦虑""充电等待焦虑"，也可实现动力电池"升级更换"，为消费者提供更高容量、更高性能的动力电池，提升驾乘体验。此外，动力电池由运营商管理，既方便开展集中维保，也有利于保障充电安全。为促进新能源汽车换电模式创新应用，工业和信息化部联合相关部门组织开展新能源汽车换电模式应用试点工作，并选择了具有产业基础好、应用场景丰富、节能减排潜力大等特点的北京、长春、济南、合肥、南京、武汉、三亚、重庆8个城市为综合应用类试点城市，以及唐山、包头、宜宾3个城市为重型货车特色类试点城市。

截至2022年7月底，《新能源汽车推广应用推荐车型目录》共有340款换电式货车，换电式货车生产企业主要有华菱、徐工、三一、宇通、上汽红岩、金龙等。货车及专用汽车车型主要包括半挂牵引车、自卸汽车、混凝土搅拌运输车、自卸式垃圾车等，其中半挂牵引车车型数量最多，达到99款，自卸汽车为86款。

2022年7月下旬，由四川能投发展股份有限公司牵头打造的高县福溪充换储综合能源站建成投运，如图4-11所示。已经应用的换电重型货车，每个电池包可蓄电282 kW·h，正常工况下续驶里程150km左右，车主短途运输跑两趟换一次电，换电时间3min，可以满足其应用需求。

图4-11　四川省高县福溪充换储综合能源站

2022年8月15日，蜀道集团成渝公司启动"成渝电走廊暨换电重卡"项目，计划新建多座重型货车换电站。其中，资中停车区换电站建成后，将成为全省首座高速公路重型货车换电站，每天可为200辆电动集装箱货车提供换电服务。公路运输是成渝间货物往来的主要运输方式，在疫情反复、油价上扬等情况影响下，缩减物流成本、实现低碳运行是大势所趋。换电站投用后，成渝之间计划开行换电集装箱班车，实现降本增效、减排降耗。

随着更多换电车型的应用，商用车领域可以推广更多的纯电动汽车，将会产生更大的减碳效应。

（2）燃料电池汽车

燃料电池货车具有补能时间短、续驶里程长和排放污染少的优点，是非常有前景的货车技术路线，但目前受限于技术不成熟、加氢价格高等因素，短期内技术适用性较低。

目前，我国燃料电池汽车产业链企业数量已超过400家，开始呈现集群式发展，主要集中在商用车领域，在京津冀、长三角、珠三角、中部地区等形成产业集群。东风7.5t燃料电池物流车续驶里程达到350km，循环寿命超过12000h，低温起动温度可达－10℃，目前已投入示范运行530辆，累计运营超过500万km；宇通、上汽大通、北汽福田、中通、佛山飞驰等企业也都研发出了燃料电池客车产品，其中宇通12m客车续驶里程达到600km，循环寿命超过10000h，低温起动温度可达－30℃。

随着燃料电池汽车示范的推进，一汽解放、东风商用车、上汽红岩等商用车企业均在加强燃料电池核心技术研发布局，加强燃料电池重型货车示范应用探索。

（3）电气化公路（无轨电动货车）

电气化公路的概念由西门子公司于2012年提出，2017年8月，西门子公司宣布已经与德国黑森州达成协议，为德国A5联邦公路铺设总长10km的空中接触网，建设德国首个电气化公路。从车辆的角度来看，行驶在电气化公路上的车辆也可称之为无轨电动货车。

电气化公路系统（Electric Road System，ERS）原理很像有轨电车，将道路连接到电网中，一旦车辆连接到道路，它也将连接到该电网，在车辆行驶的同时充电。当货车在电气化公路上行驶时，可通过受电弓与接触网连接使用电力；当行驶在普通路段时，货车也可自动切换至原有的驱动系统（内燃机或者电池驱动），如图4-12所示。

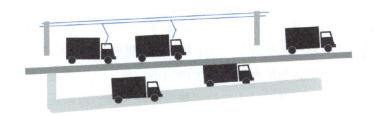

图4-12　重型货车在电气化公路和普通公路行驶示意图

电气化公路系统主要目的是为在其上行驶的车辆持续提供电力。该技术与现有的道路基础设施兼容，由燃料驱动的传统车辆可以在电气化公路上正常行驶，无需连接到ERS。使用ERS的车辆也配备了小型电池或内燃机，也可以行驶在普通道路上。斯堪尼亚已将其车辆行驶在瑞典的电气化公路上，如图4-13所示。

图4-13　斯堪尼亚货车在瑞典电气化公路系统的应用

电气化公路在重型长途运输碳减排方面有很大的应用潜力。德国已在黑森州等三个州开展了电气化公路的实际测试，电气化公路约5km。德国认为充分应用当前的技术可以降低重型货车80%的温室气体排放。德国工业联合会认为建设 4000～8000km 的电气化接触网是适用于重型货车的经济有效的气候行动方案。中国的一些商用车企业（如一汽解放）也在进行电气化公路车辆的应用探索。

同时，电气化公路可以降低货车对传统化石燃料的依赖，也可降低货车的燃料成本。由于重型货车使用的燃料较多，造成使用成本高昂，同时碳排放也较多，而直接采用纯电动货车购置成本高。与配备动力电池的纯电动货车相比，电气化公路系统可以减轻货车的质量，也能降低其燃料成本。在高速公路上使用架空电线，也可将中重型货车从严重依赖化石燃料向使用可再生的电力转变。

但是，电气化公路落地也存在较大的困难，整个电气化公路系统可分为四个子系统：能源供应系统、动力传输系统、道路系统、道路运营系统。由此可见，电气化公路不仅涉及汽车制造商，还涉及能源供应企业、道路建设和运营维护企业、运输企业，让各方主体达成共识协同推进还存在着较大的困难。

和乘用车相比，商用车电动化的比例较低，2021 年，中国商用车中新能源汽车占比仅为 3% 左右。同时面向碳中和的技术尚不成熟，企业和政府部门等都还在积极探索。

4.5 减碳成本

1. 乘用车电气化替代

一般从总拥有成本（Total Cost of Ownership，TCO）来比较不同车辆的综合使用成本，包括车辆的购置、燃料费用、维修废弃等成本。

据中汽中心测算，2022 年，我国新能源乘用车整车价格较同级别燃油汽车高约 20%～30%，叠加动力电池价格上涨，新能源汽车与传统燃油汽车的成本差距进一步加大。预计到 2025 年，我国新能源汽车购置成本可能与燃油汽车持平。

当前，整体乘用车市场以 A 级车为主，见表 4-4，将 A 级车比亚迪宋 PLUS EV 与同款燃油汽车作为典型车型进行成本比较。2021 年纯电动乘用车整车成本较同级别燃油汽车高约 20%～30%，2022 年以来，原材料价格大幅上涨导致动力电池成本较年初上涨约20%，新能源汽车与传统燃油汽车的成本差距进一步扩大。即使叠加购置补贴、车辆购置税减免等优惠政策，成本依然较同级别燃油汽车高出0.8万~3.5万元，占整车成本的10%~20%。

表4-4 比亚迪燃油汽车和纯电动汽车购置和使用成本比较

车型	车辆类型	购车价格	单车能效		燃料价格		行驶里程	
		厂家指导价/万元	百公里油耗/(L/100km)	百公里电耗/(kW·h/100km)	汽油价格/(元/L)	电价/(元/kW·h)	年行驶里程/km	全生命周期（15年）行驶里程/km
比亚迪宋PLUS	燃油汽车	14.38	6.9	—	9	—	10000	150000
比亚迪宋PLUS EV	纯电动汽车	18.08	—	14.1	—	1.8	10000	150000

从当前来看，比亚迪宋PLUS燃油汽车与纯电动汽车相比，假设对新能源汽车不实施补贴、购置税减免政策，则纯电动汽车的购置价格将增加3.7万元。按照未来15年油价9元/L、电价1.8元/kW·h，车辆的百公里能耗分别是6.9L/100km和14.1kW·h/100km计算，纯电动汽车的燃料费用将节省5.5万元。将购置价格和燃料费用统一计算后，纯电动乘用车全生命周期成本节省1.8万元，每千米节省0.12元。由此可见，从全生命周期总拥有成本来看，典型的纯电动乘用车已具有成本优势。但是私人消费者很少比较总拥有成本，同时纯电动汽车要在使用十年后才能与燃油汽车拥有成本持平，而消费者在使用6年后就换车的较多，无法体现出纯电动汽车的全生命周期成本优势。比较购置成本，2022年购买纯电动汽车还能额外享受1.26万元补贴和1.49万元的购置税免征政策，但与燃油汽车的购置差价还有1.17万元，2023年没有额外的购置补贴，纯电动汽车与燃油汽车的购置成本差额还将上升1.26万元，达到2.43万元。因此，还需要大力推动纯电动汽车的成本降低。

2. 商用车电气化替代

由于动力电池成本高昂，相比传统燃油汽车，新能源货车的购置成本显著增加，重型车辆尤为明显。以总质量25t、整备质量10t、准拖挂车总质量38t、储能装置总储电量282kW·h的换电式纯电动牵引车为例，根据中汽中心中国汽车战略与政策研究中心调研，柴油重型货车购置成本约35万~40万元，而新能源重型货车购置成本高达80万元，其中动力电池成本达到35万元左右，新能源货车初始购置成本远高于燃油货车。

根据中汽数据有限公司的分析，在长途干线货运场景下，选取主要适用车型为总质量25t的重型牵引车，年均行驶里程6.5万km，使用年限为8年。根据总拥有成本计算结果来看，预计到2030年纯电动汽车才能实现与燃油汽车的TCO相同，当前及未来一段时间插电式混合动力汽车TCO具备一定经济优势。随着燃料电池和氢气制、储、运技术的不断成熟，购置和使用成本会在未来10年出现大幅下降。到2035年，预计燃料电池重型牵引车TCO约为330万元，降幅达57%左右，与纯电动车型TCO差距较小，如图4-14所示。

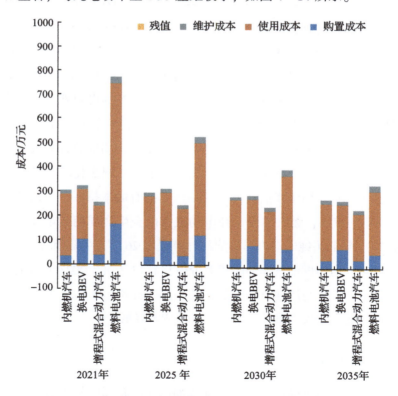

图4-14 长途干线货运场景下各技术路线全生命周期成本

4.6　小结

汽车脱碳，重在交通。为加快交通领域脱碳进程，推广以纯电动汽车为主的零排放汽车成为美国、德国等国家的共同选择。在普及新能源汽车的同时，仍需推进内燃机能效提升、运输结构调整和零碳燃料发展。面向碳达峰，纯电动汽车、燃料电池汽车行驶阶段碳排放为零，是最重要的技术路线，插电式混合动力汽车、节能汽车（普通混合动力）、替代燃料汽车也是低碳的技术路线。除了电气化替代、节能技术应用、替代燃料这些汽车产品技术路线外，运输结构调整也是重要的减碳路径。面向碳中和，纯电动汽车是最重要的技术路线，合成燃料、插电式混合动力汽车、燃料电池汽车也是重要的技术路线。商用车也在积极探索换电、无轨电动货车（电气化公路）、混合动力、零碳燃料等多种低碳技术路线。

从减排成本来看，无论是乘用车还是商用车，纯电动车辆的购置成本都高于燃油汽车，但从全生命周期来看，在乘用车领域，纯电动汽车正在凸显成本优势。在商用车领域，纯电动、燃料电池汽车的成本显著高于燃油汽车，分别到2030年、2035年，全生命周期的成本才会逐步与燃油汽车持平，因此，还需要额外出台财税补贴等支持政策，来弥补纯电动、燃料电池商用车的购置成本差距。

第 5 章
低碳材料：车用材料排放与减碳路径

新能源汽车加速普及，凸显材料降碳的重要性和紧迫性。

2022 年 9 月，工信部原材料工业司张海登副司长在工信部"推动原材料工业高质量发展"发布会上表示，原材料工业碳排放约占规模以上工业排放总量的 2/3 以上，约占全社会排放总量一半以上，是节能降碳的主战场。原材料工业一般包括钢铁、有色金属、稀土、石化（不含炼油）、化工（不含煤制燃料和燃料乙醇、农药）、建材等。材料是构成汽车的物质基础，汽车中每个零件的生产制造都会涉及材料技术，未来汽车业的可持续发展尽管与众多技术有关，但其中材料技术无疑占据重要地位。无论是整车制造还是动力电池等关键零部件的生产，都涉及上游材料工业。就减排责任来看，应是原材料工业部门负担，但由于汽车是终端消费品，也需要对汽车消费导致的上游材料工业碳排放进行分析。

5.1 车用材料

汽车材料是指生产制造汽车，以及汽车运行过程中所用到的材料。一辆汽车由成千上万个零部件组成，而这些零部件又是由上千种不同品质、规格的材料加工制造出来的。用于汽车零部件制造的材料一般也称为汽车工程材料，常用的汽车工程材料分类如图 5-1 所示。

第 5 章 低碳材料：车用材料排放与减碳路径

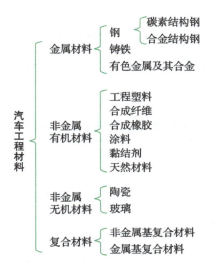

图 5-1 常用汽车工程材料的分类

汽车材料是汽车设计、品质及竞争力的基础，车用材料的发展也推动了汽车技术的发展。早期的汽车材料以铁和钢为主，辅以少量有色金属和木材、皮革等，反映了当时人类所应用材料的技术水平。近年来，为了适应汽车安全、节能、环保的发展趋势，满足汽车舒适性、经济性和可回收性的需求，要求汽车减轻自重以实现轻量化，所以在汽车制造中钢铁材料的用量有所下降，而有色金属、非金属材料和复合材料等新型材料所占的份额稳步增长。新材料的广泛应用，促进了汽车性能的提高和汽车工业的发展。

金属材料是目前汽车上应用最广泛的材料。工业上，一般把金属材料分为黑色金属和有色金属两大类。黑色金属指钢铁材料；有色金属是指钢铁材料以外的所有金属材料，如铝、镁、铜及其合金。

钢铁材料因其价格低廉、比强度高、便于加工等特点，在车用材料中仍然占据着主流地位。汽车用钢铁材料包括钢板、结构钢、特殊用途钢、钢管、铸铁及部分复合材料等，主要用于制造车架、车轴、车身、齿轮、发动机曲轴、气缸体等零件。

有色金属因具有质量轻、导电性好等钢铁材料所不及的特性，在现代汽车上的用量呈逐年增加的趋势。采用铝、镁等轻金属替代钢铁材料是实现汽车轻量化的重要手段。

目前，钢、铁、铝、树脂（塑料）、橡胶和玻璃六类材料是车用材料的主要组成部分，其余材料包括有色金属（铜、镁、铅、锌、锡等）、油漆和纤维制品等。车用材料的主要构成及其相应用途见表5-1。

表5-1　车用材料的主要构成及相应用途

材料类别		主要用途
金属材料	铸铁	气缸体、气缸盖、支架
	普通钢	车体、车架
	特殊钢	齿轮、前桥、后桥、车轴
	铜	电气零件、散热器
	镁、铝合金	发动机零件、车体零件
	铅、锡、锌	发动机瓦块轴承、夹头、装饰件
	贵金属	废气净化用品
	其他金属	装饰
非金属有机材料	塑料	转向盘、散热器格栅、保险杠
	橡胶	轮胎、各种密封件、防振用品
	纤维	座椅、内饰件、安全带
	涂料	装饰、防锈
	皮革	座椅蒙皮、内饰装饰件
	木材	车厢
	摩擦材料	制动器衬片、离合器面片
非金属无机材料	陶瓷	火花塞、废气净化
	玻璃	前风窗玻璃、侧窗玻璃、后窗玻璃
复合材料	金属基复合材料、陶瓷基复合材料、树脂基复合材料	车身外装板件、发动机零件

据研究，常规的家庭轿车基本材料组成如下：钢为54%、铸铁为10%、塑料为8%、铝合金为8%、镁合金为1%、橡胶及玻璃为7%、其他为12%。从家庭轿车基本材料组成可见，占据主导地位的仍然是钢铁类的材料，排在后面

第5章 低碳材料：车用材料排放与减碳路径

的依次是铝合金、塑料类材料、镁合金。

1. 钢

钢铁类的材料既能满足汽车轻量化的需求，又能够赋予汽车足够的安全性能，是构成汽车的基础性材料。钢铁材料在车用材料中占据主流，尤其是中低价位车型仍然采用以钢为主的用材策略。钢铁应用于传动、支撑、覆盖等部位也有很大的差异，其含碳量、加工工艺、合金成本等也都不同。

乘用车车身如图5-2所示，车身一般占整车整备质量的42%，高强度钢以其高性价比受到企业的青睐，80%的新上市车型车身都是以钢为主要材料，我国乘用车车身高强度钢用量平均为62%。经过热成型后的超高强度钢强度比普通钢材高了3~4倍，其硬度仅次于陶瓷，但又具有钢材的韧性，因此由超高强度钢制成的车身极大地提高了车身的抗碰撞能力和整体安全性，在碰撞中对车内人员会起到很好的保护作用。随着商用车轻量化的推进，车架、车厢板、车轮等典型部位用钢也都形成了系列强度级别。

图5-2 乘用车车身

一般来说，车身前后防撞梁、车门防撞梁、前后纵梁、中央通道、座椅横梁、门槛纵梁、顶盖横梁、A柱加强板、B柱加强板等区域都会用到高强度钢。

由于成本控制要求、企业技术实力和供应体系的差异，不同整车企业在选用钢材种类、强度等级方面略有不同。近几年，一汽、东风、奇瑞、长城等汽车企业新上市的乘用车产品中，车身用高强度钢在比例和强度级别上基本达到国际同等水平。其中，长城汽车2017年8月上市的WEY VV7车型的车身应用高强度钢的比例突破了 75%，600MPa 及其以上强度等级钢材使用比例达到 65%。未来汽车用钢的方向仍是高强高韧、低密度，同时实现绿色低碳和低成本制造。

2. 塑料

塑料类材料是汽车内饰以及外部部分零件的重要组成部分。随着汽车工业的发展和轻量化技术的推进，车用塑料的用量在不断增加。1990 年世界范围内平均每辆汽车使用聚丙烯材料的质量为 22.5kg，1995 年达到 38kg，1998 年用量则较 1990 年增加了一倍达到 45kg，目前，每辆乘用车使用塑料的质量大致已超过 120kg，塑料用量已达整车质量的 8%。表 5-2 所列为汽车塑料件主要的应用场合。

表 5-2 汽车塑料件主要的应用场合

序号	类别	制品
1	内饰件	仪表板、杂物箱、杂物盒、烟灰盒、转向盘、立柱装饰、扶手、车门、地板护板
2	外装件	保险杠、扰流板、挡泥板、挡泥板衬板、车门把手
3	发动机舱零件	气门室罩盖、冷却风扇、燃油箱、散热器水室、油泵壳体、进气歧管
4	电气件	前照灯组件、速度表、配线、蓄电池、音箱

汽车产品中按塑料类型分主要涉及改性聚丙烯（PP）、改性聚酰胺（PA）、改性聚乙烯（PE）、聚氨酯（PU）、ABS、聚碳酸酯（PC）等十余种材料，其应用场合见表 5-3。

表 5-3 汽车用主要塑料类型及应用场合

序号	材料类型	应用场合
1	PP	保险杠、蓄电池壳、仪表板壳、挡泥板、空气滤清器、导管、容器、侧遮阳板、空调器壳等

（续）

序号	材料类型	应用场合
2	PU	座垫、软式仪表板壳、软式车门饰板、软式车顶篷饰板等
3	ABS	内部装饰条、仪表壳、扶手、散热器格栅、车轮罩、车身装饰条等
4	PE	燃油箱、行李箱、挡泥板、扶手骨架、刮水器等
5	PBT	电子器件外壳、车身覆盖物、刮水器杆、齿轮等
6	PA	散热器水室、转向器衬套、各种齿轮、带轮、气门室罩盖、发动机罩盖、冷却风扇、进气管、插头等
7	PVC	电线电缆包材、驾驶室内饰、嵌材、地板、防撞材料等
8	POM	燃油系统、电气设备系统等
9	PC	内饰装饰条、车门把手、车身镀铬装饰条、车灯等
10	PMMA	灯罩等

3. 铝合金

铝合金具有比强度高、耐腐蚀和加工成形性好等特点，热处理后强度可与钢材媲美，且铝的密度仅有钢的 1/3，因此可作为理想的汽车轻量化材料。研究表明，汽车每应用 1kg 铝材，可获得 2kg 的减重效果；汽车每减重 10%，油耗可降低 6%~8%，尾气排放量可减少 4%。因此铝合金在汽车中的应用比例不断提高。咨询公司达科国际（Ducker Worldwide）公布的研究数据表明，欧洲汽车平均用铝量自 1990 年已经翻了三倍，由 50kg 增长到 2012 年的 140kg，并将在 2025 年增长至 196kg。目前，铝合金在轮毂、发动机、散热器、油管等方面的应用非常广泛，见表 5-4。

表5-4 铝合金工艺及其在汽车上的应用

工艺	汽车领域应用
铝压铸	发动机缸体、上/下控制臂、轮毂、壳体等
铝挤压	热交换系统、外饰件等
铝轧制	白车身、车身覆盖件、车门框架等
铝锻造	控制臂、副车架等

一些车型在车身用材料中应用铝材的占比较大，路虎揽胜、福特F150等价位相对较高的车型车身用铝比例高于60%。国内的一些企业也推出了全铝车身，如奇瑞小蚂蚁eQ1、蔚来ES8、东风全铝车身客车、中通全铝车身客车等。蔚来ES8车身用铝占比高达96.4%，铝材应用率在全球量产SUV中最高，全铝白车身仅重335kg。

对于新能源汽车来说，由于动力电池增加了车重（比燃油汽车要重300kg以上），这使得轻量化技术的应用更加迫切。在动力电池中，托盘占电池系统重量的20%~30%，是动力电池的主要结构件。轻量化与高安全性使得铝合金电池外壳成为动力电池外壳的主流，采用铝合金材料的电池壳体相比钢壳更薄，相对质量更轻。一旦电池出现爆炸，锂电池铝壳也比钢壳的迸发力较弱，铝壳动力电池造成的危害相对更轻。因此，目前纯电动汽车的动力电池包外壳大多数是由铝和钢制成。2016年发布的《节能与新能源汽车技术路线图》认为2020年汽车单车用铝量超过190kg，并预测到2030年新能源汽车单车用铝量将超过350kg。

轻量化并不仅是要求减重，而是要做到车辆的性能、安全、成本和重量四者之间的平衡。目前，车用铝合金成本高昂，使得全铝车身的应用只能局限于高端车型而暂时无法向数量庞大的经济车型拓展，铝合金的性能限制也使得它在某些部件上仍然无法取代钢铁。

4. 锂离子电池

锂离子电池系统包括系统外壳、单体电池和系统附属件，具体如图5-3所示。锂离子单体电池包含正极材料、负极材料、电解液、铜箔、铝箔隔膜和外壳。就典型锂离子电池材料质量占比来看，正极一般占比50%左右，其次是负极（石墨等）占20%左右，电解液不到20%。

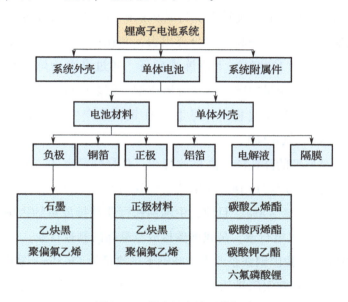

图5-3 锂离子电池系统组成

5.2 车用材料碳排放分析

在生产和制造这些车用材料的过程中，会产生二氧化碳等温室气体排放。汽车材料生产目前是汽车生命周期第二大排放来源，约占燃油汽车全生命周期排放总量的18%~22%，材料生产排放将占纯电动汽车全生命周期总排放量的45%~85%。一般来说，材料生产阶段是指从自然界获取资源开始，至加工成用于汽车零部件厂二次加工的坯料为止。

车用材料生产会产生的二氧化碳，主要是来自车用材料制造过程中的三个阶段：①利用化石燃料为工厂提供其运营所需的电力时；②利用化石燃料为不同的制造流程提供热能时，如钢铁生产中的铁矿石熔化；③制造材料时的化学反应，如在生产出我们所需材料的同时产生的副产物二氧化碳。

1. 钢

生产钢需要纯铁和碳,纯铁需要将氧从铁矿石(自然界中常见的铁矿石是铁和氧及其他物质混合在一起)中分离出去,并在铁中加入少量的碳。借助氧气和焦炭,在高温(1700℃)下冶炼铁矿石。通过高温冶炼,铁矿石释放出氧,焦炭释放出碳,少量的碳与铁结合形成钢,剩余的碳与氧结合,形成副产品——二氧化碳。在这个过程中,每生产 1t 钢,会产生大约 1.8t 的二氧化碳(不含电力产生的二氧化碳)。

钢铁行业是典型的高耗能、高排放行业,是全球最大的二氧化碳排放行业之一。全世界每年生产超过 18 亿 t 钢铁,释放到大气中的二氧化碳接近 36 亿 t,占全球碳排放量的 7%~8%。目前,中国钢铁行业碳排放量约占中国碳排放总量的 15%,仅次于火电行业,是我国碳排放量最高的制造行业。

截至 2020 年,我国钢铁企业平均吨钢碳排放量为 1765kg。采用基于天然气的炼铁工艺,可以将吨钢碳排放量降至 940kg;而使用 80% 的氢气和 20% 的天然气则可以降至 437kg;而氢能炼钢则是利用氢气替代一氧化碳做还原剂,其还原产物为水,没有二氧化碳排放,因此炼钢过程绿色无污染。但从全生命周期考虑,氢气的制造也将产生二氧化碳,则整体碳排放并不为零。

传统的高炉炼铁通过燃烧焦炭,提供还原反应所需要的热量并产生还原剂一氧化碳,将铁矿石还原得到铁,并产生大量的二氧化碳气体。而氢冶金(即氢能炼钢)原理上在冶炼环节的碳排放量为 0,能够从源头上消除化石能源所带来的碳排放问题,是目前世界各国钢铁行业从源头实现碳减排的首要选择,因此,各国钢铁企业正在积极探索从碳冶金向氢冶金的转变。

随着"双碳"目标在工业领域的推进,钢铁行业也从多个角度推进降碳工作。一是从工艺角度,开展高效洁净炼钢技术,包括非涉碳泡沫渣、喷粉脱磷等。二是从能源角度,对绿色能源、闲余电能等进行合理应用。三是从原材料角度,采用氢基还原方式,更多利用洁净废钢。在众多路线中,氢还原、废钢、绿色电力是行业重点关注的领域。为实现二氧化碳零排放炼铁工艺技术开发,日本钢铁联盟提出到 2100 年前实现"零碳钢"实用化的目标,利用氢作为铁矿石还原剂，将二氧化碳排放量控制到零。我国河钢集团在业内率先启动全球首例120万 t 氢冶金示范工程，形成了以"氢能产业化利用"为代表的低碳冶金优势。目前制约氢冶金工艺发展的难点主要是氢气的制取和储运成本高昂以及储氢技术要求高、难度大。

钢铁材料作为汽车上应用最广泛的材料，其碳排放量高低直接影响车辆周期碳排放水平。车用钢铁材料的来源各不相同，原钢、再生钢、普通钢材、不锈钢、铸铁等钢铁材料的碳排放强度也不一样。车身轻量化需要综合考虑材料重量和生产过程单位碳排放强度。目前，车身轻量化材料包含高强度钢、铝、镁、碳纤维等，根据世界汽车用钢联盟数据，从单位碳排放强度来看，高强度钢分别只有铝、镁、碳纤维的20%、10.5%和5%，乘以典型零件不同用材的重量值，高强度钢制造零件的总温室气体排放量相比于其他几种材料更具备环保优势。

2. 塑料

由于在汽车轻量化方面的独特优势，经过多年的技术发展，塑料目前已广泛应用于汽车各类零部件生产制造中。塑料约占汽车制造材料总量的50%，其质量只占汽车总质量的10%左右。

塑料的制造阶段具有高消耗和高排放的特点，根据《中国塑料的环境足迹评估》统计数据显示，当前的塑料工业消耗了全球8%的石油，仅塑料制造阶段就产生了全球1%的碳排放，塑料生产和使用的全生命周期碳排放约占全球碳排放的3.8%。塑料生产过程中的碳排放比较大，1t 的塑料大约会产生1.3（如乙烯）~3t 的碳排放。和钢生产导致的碳排放相比，塑料生产的不同之处是还有一部分碳存留在塑料中。如果废弃塑料采取燃烧的方式处理，则二氧化碳直接排放在大气中，会导致温度的上升；但如果塑料被掩埋或进入海洋后，则需要漫长的时间才能降解，好处是不会导致温度上升，但是在海洋中的塑料会引发毒害海洋生物等其他问题。

汽车行业作为塑料下游主要应用领域之一，塑料的使用量逐年攀升，甚至在部分车型中，改性塑料单车用量超过200kg。相比金属材料，塑料产品在车辆使用阶段可以实现明显的减重效果，达到节能减排的目标，但塑料生产的二氧化碳排放也不容忽视。粗略估算，按一辆乘用车整备质量1500kg，每辆车的塑料占8%计算，年销售2000万辆乘用车，则一年车用塑料用量达到240万t，按照每吨会产生1.3t碳排放量计算，则碳排放量会达到312万t。

同时，目前中国每年大约仅有20%的塑料产品被回收利用，剩余的塑料产品中超过40%的部分被掩埋或遗弃，没有实现充分的回收再利用。

3. 铝

铝冶炼行业是高耗能、高排放行业，也是有色金属行业中碳排放量最大的领域，单位产品的温室气体排放量是钢的12.4倍。根据IAI测算，全球铝材全生命周期的碳足迹平均为$11.8tCO_2/t$。据安泰科的测算，由于中国铝材生产中，原铝原料占比较高，再生铝保级利用水平较低，且原铝生产的排放水平较高，使得中国铝材全生命周期的碳排放量明显高于全球平均水平，达到$16tCO_2/t$，即平均每生产1t铝，要排放16t二氧化碳。上游的铝产业首先是开采出铝土矿，然后提炼变成氧化铝，再通过电解工艺，也就是传统的冶炼工艺变成铝液，再通过一系列工艺，比如铸造工艺，形成板材、型材、锻件等。

从铝产品全生命周期分析角度对铝冶炼行业（含电解铝、氧化铝、再生铝）开展全口径、分阶段的发展情景与碳排放分析，主要包括铝电解及其他过程中使用的电力消耗排放、电解过程中碳阳极消耗排放、氧化铝生产过程中煤气/天然气、电力/热力消耗排放、再生铝生产过程中天然气消耗排放等。其中，直接使用煤气、天然气导致的碳排放占14.3%，工业过程中碳阳极消耗排放占比10.9%，使用的电力（自供和外购）和热力碳排放占74.8%。铝冶炼行业碳排放流程如图5-4所示。铝冶炼行业碳排放与能源消费量、能效和能源结构高度相关，因我国电力结构主要以煤电为主，煤电在铝冶炼使用的电力中占比高达88%，使得我国生产单位电解铝温室气体排放量相对较高，约为美国的2倍。

第 5 章 低碳材料：车用材料排放与减碳路径

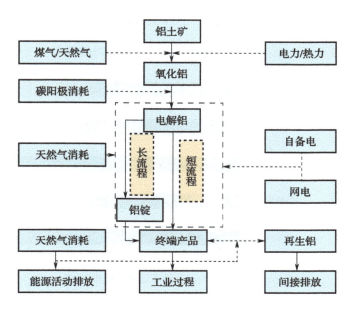

图 5-4 铝冶炼行业碳排放流程

再生铝利用水平也直接影响碳排放，单位再生铝产生的温室气体排放量仅为原铝的 4.5%，发展再生铝工业也是减少碳排放的一个重要选择。发达国家再生铝利用率达到 60%，我国仅为 20% 左右，这也推高了我国铝冶炼行业的碳排放。

铝材在汽车等下游行业中的应用日益增多，但在双碳的战略下，由于铝材的碳排放强度较高，使用铝合金等也要综合考虑。据研究报告分析，目前我国传统燃油汽车基本每辆用铝 120kg，在新能源汽车上使用铝量更多。粗略推算，单车用铝量按照 120kg 计算，每吨铝上游产生 16t 二氧化碳，一年生产 2600 万辆汽车消耗 312 万 t 铝，一年有近 5000 万 t（4992 万 t）的二氧化碳排放。

4. 车用动力电池

据中汽数据有限公司发布的《中国汽车低碳行动计划（2022）执行摘要》分析，纯电动乘用车中，动力电池碳排放在车辆周期碳排放中的占比超过 1/3，如图 5-5 所示。以三元镍钴锰酸锂动力电池为例，其碳排放中的约 23% 来自电解液，约32%来自三元正极材料，约35%来自电池包壳体中的铝合金。

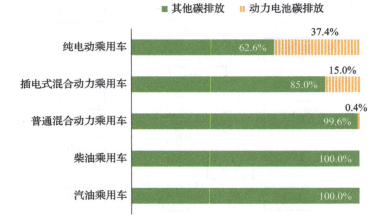

图5-5 动力电池在车辆周期中的碳排放占比

注：数据来源于中汽数据有限公司。

动力电池的碳排放受能量密度、材料、加工能耗和使用煤电比例等影响较大。

动力电池碳排放主要是原材料获取阶段的碳排放。欧洲运输与环境联合会的一份研究报告充分考虑了电网碳值的更新、来自电池工厂的最新科学数据、电池的生产地点、生产年限、上游产业碳排放、正极材料体系等维度，研究结果显示，动力电池生产的碳排放范围在 61~106 $kgCO_2/kW \cdot h$。其中电池生产的上游部分（采矿、精炼等）为 59 $kgCO_2/kW \cdot h$，而电池生产和组装的碳排放在 2~47 $kgCO_2/kW \cdot h$。根据国内专业机构对于国内动力电池企业所做的调研和测算，国内电池生产的碳排放范围大约为 100~120 $kgCO_2/kW \cdot h$。中汽数据有限公司的分析显示，动力电池每度电产生的碳排放中，三元锂电池和磷酸铁锂电池的碳排放分别为 114、109 $kgCO_2/kW \cdot h$，两类电池原材料获取阶段的碳排放占比均在80%左右，如图5-6所示。

不同材料的动力电池碳排放并不一样，中汽数据有限公司的研究结果认为三元锂电池的碳排放比磷酸铁锂电池高5%左右，但电动汽车百人会的研究认为811电池的碳排放是磷酸铁锂电池的1.5倍。

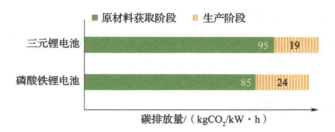

图5-6 动力电池在原材料获取和生产阶段的碳排放情况

注：数据来源于中汽数据有限公司。

在相同电池材料体系下，电网的脱碳程度会很大程度影响电池生产和组装环节的碳排放。在国内以煤电为主的电力系统中，动力电池生产环节的碳排放也明显更高，某动力电池企业单体电池生产环节的碳排放甚至超过了65kgCO₂/kW·h。

5. 车用材料碳排放趋势分析

车用材料的材料周期碳排放强度情况如图5-7所示。高化石能耗材料同样也是高碳排放材料，例如碳酸锂、石墨、铝和钴材料的碳排放强度均超过15kgCO₂/kg，其中碳酸锂和石墨超过20kgCO₂/kg。另一方面，主要车用材料钢铁、塑料、玻璃、橡胶等材料的碳排放强度则低于0.5kgCO₂/kg。同样的，高排放材料多应用于锂离子电池，这将对电动汽车生命周期的碳减排效果带来挑战。

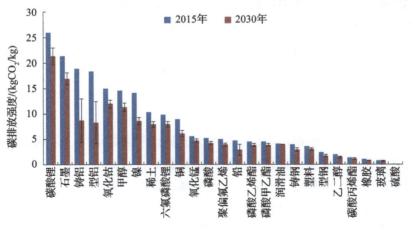

图5-7 车用材料的材料周期碳排放强度情况

注：数据来源于周博雅，电动汽车生命周期的能源消耗、碳排放和成本收益研究[D/OL]．北京：清华大学，2016。

据中汽数据有限公司发布的《中国汽车低碳行动计划（2022）执行摘要》分析，低碳材料的使用和生产能效的提升带来的减碳效果明显，在2050年前碳中和情景中贡献程度均为20%左右。

5.3 主要减碳路径

降低车用材料生产阶段碳排放的主要路径是：车辆轻量化、电力清洁化、绿色新材料、回收再利用和低碳新工艺。

1. 车辆轻量化

轻量、节能以及环保已经成为车用材料发展的主流趋势。在现代科技的驱动下，汽车可以通过轻量材料的替换实现减重，并能保持其原有优势。基于2015年汽车燃料消耗量的燃油乘用车车型油耗数据分析，每减重100kg，节油量为0.31~0.46L/100km；对于纯电动乘用车，每减重100kg，NEDC（New European Driving Cycle，新欧洲驾驶循环周期）工况下节约用电0.46kW·h/100km。

从减碳的角度来看，推进车辆的轻量化，一方面通过整备质量的降低，直接降低材料需求，从而减少材料生产过程中的碳排放，并带来汽车使用阶段碳排放的降低；另一方面在多材料混合运用的大趋势下，也需要综合考虑不同材料全生命周期的碳排放，进行轻量化设计时避免新材料的应用导致的材料全生命周期碳排放的增加。譬如，由于铝生产过程中的碳排放强度高，与钢铝等混合材料相比，全铝车身显著增加了材料生产阶段碳排放。

2. 电力清洁化

材料生产企业一般都运用化石燃料为其提供所需的电力，采用煤炭等化石燃料发电比例过高推高了材料生产阶段的碳排放，因此电力的清洁化将显著降低材料生产阶段的碳排放。电力清洁化应通过提高能效和提升清洁电力占比两个途径，一方面提升煤电效率降低能耗从而降低碳排放，另一方面，提高清洁电力的比重，从而可显著降低材料生产阶段的碳排放。

3. 绿色新材料

一方面，统筹考虑原材料生产、零部件生产、回收利用全产业链节能减排和车辆的节能、环保、安全。应兼顾原材料生产、产品生产到材料再生利用全过程中的温室气体排放，积极推进多材料的混合应用。譬如，采用碳纤维增强型塑料电池外壳，该电池外壳比传统的铝或钢制电池外壳轻 40%，具有高刚性，而且热导率仅为铝的 1/200，如果其材料生产阶段碳排放和铝相当或低于铝，则具有较好的应用价值。另一方面，推进绿色新材料的研发，尤其是动力电池相关绿色新材料的研发和应用，如无钴、新体系电池，在满足车辆动力基本要求的同时，也要降低原材料获取等阶段的碳排放。

4. 回收再利用

通过再生钢、再生铝、再生塑料等材料的回收再利用，可以显著降低材料生产过程中的碳排放。废钢通过电炉段流程冶炼，省去焦化炼铁等高能耗环节，从而降低了炼钢的能耗。《循环经济：应对气候变化的另一半蓝图》指出，回收 1t 塑料与使用化石原料生产 1t 塑料相比，大约能够减少 $1.1\sim3.0tCO_2$ 当量的碳排放。中汽数据有限公司 2020 年的研究显示，动力电池使用再生材料可有效降低其生命周期碳排放，假设再生型三元材料的应用比例为 30%，则 $1kW\cdot h$ 三元锂电池包材料碳排放量为 $76.28 kgCO_2/kW\cdot h$，相较于目前三元锂电池的碳排放量可降低 20% 左右。

汽车作为下游消费品，通过一系列政策和技术推动再生材料的使用，可以极大地促进上下游行业的绿色低碳发展。汽车企业也在积极推动材料的回收再利用，如华晨宝马 2021 年回收了 8 万 t 钢和铝，并通过与华友的合作将动力电池的珍贵原材料闭环回收。福特、奥迪、沃尔沃等企业也通过不同的方式在汽车零部件制造过程中使用再生塑料，从而降低了二氧化碳排放。

5. 低碳新工艺

目前材料冶炼、提炼过程中的生产工艺导致了生产材料的碳排放较高，因此，需要积极探索新的低碳工艺，以不断降低材料生产阶段的碳排放。如钢铁行业的碳排放主要来自炼焦和焦炭炼铁，河钢集团分两阶段实现炼钢过程低碳化。第一阶段是对炼焦炉、高炉等的余热、余能作充分利用，同时用钢化联产的方式把炼钢高炉中的副产品充分利用起来。第二阶段是逐步用新的低碳化工艺取代传统工艺，研发和完善富氧高炉炼钢工艺，炼钢过程中以绿氢作为还原剂取代焦炭，对废钢重炼采用短流程清洁炼钢技术等。

5.4 减碳主体与措施

1. 原材料企业

按照谁排放谁负责的原则，车用材料的减碳责任主体是原材料生产企业。钢铁、有色金属、石油化工等重点行业应确定碳达峰、碳中和行动方案，相关企业应积极采取淘汰落后产能、开展节能低碳技术的攻关和应用、推进超低排放改造和清洁生产、提高能效和改善工艺、提升资源综合利用水平等有力措施，发挥在材料全产业链的龙头作用，与相关下游企业建立协同降碳新机制、新模式，加快提升原材料工业绿色低碳发展水平。原材料企业也正在积极推进降低二氧化碳排放，譬如，宝钢股份应用相关技术，将三种汽车板材零件，包括油箱加强支架、B柱加强板内板下部、座椅头枕连接板的碳排放削减了50%以上。原材料企业作为用能大户，应积极通过自建光伏、提高绿色电力应用比例等措施，有效降低材料生产环节使用化石能源导致的碳排放。

2. 能源企业

电力生产企业应大力推进可再生能源发电设施的建设，提升可再生能源电力占比，以不断降低材料生产阶段的能源消耗碳排放。天然气等能源企业也要提高能效，降低相应的碳排放。更重要的是应大力降低氢气制取和储运成本，为原材料企业早日转向绿色低碳新工艺提供可行的保障。

3. 汽车企业

汽车生产企业是车辆轻量化的推动者和低碳新材料的使用者。一方面，汽车企业应着力推进车辆小型化，以降低车辆的碳排放，同时在轻量化设计中应更加重视不同材料的碳排放水平以及综合平衡。另一方面，明确企业低碳发展规划，并与零部件企业形成合力，推动在量产车型中逐步使用绿色低碳新材料。

更重要的是，与钢铁、有色金属、塑料等车用材料生产企业共同打造绿色低碳车用材料供应链，推进低碳车用材料在汽车行业的示范应用，从而助推整个材料产业的低碳发展。

5.5 小结

车用材料实现零碳难度较大。一方面，车用材料众多，主要的钢、塑料、铝等材料在生产过程中实现零碳排放还需要新的技术和工艺，材料生产也高度依靠清洁的绿色电力，在2060年前如无法实现零碳电力，材料生产阶段也难以实现零碳排放。另一方面，由于材料的开采等在全球范围内进行，增加了材料实现零碳的难度。车用材料只是整个材料行业中的一部分，车用材料实现零碳排放还需要整个材料行业竭力推进低碳技术进步和成本降低。

车用材料降碳也面临一些现实的困难。由于一些新材料生产阶段的碳排放强度更高，车辆混合材料应用的多元化趋势增加了材料脱碳的难度。同时，随着电动化的推进，降低汽车材料周期碳排放的任务更加迫切和重要。纯电动汽车运行阶段的碳排放为0，而动力电池碳酸锂、石墨、铝和钴材料的碳排放强度较高，使得材料生产阶段的碳排放占比更高。因此随着新能源汽车的加速普及，更要加快推进材料领域的降碳工作，避免整体碳排放不降反升。

第 6 章
低碳能源：车用能源生产环节排放与减碳路径

汽车深度脱碳取决于能源，应构建以可再生能源电力为主的多元化低碳能源体系。

本章主要研究车用能源上游环节的碳排放，即车用燃料周期从油井（原油开采）到汽车油箱的碳排放，承担减碳主体责任的是能源企业。本章并不包括汽车制造阶段（在第 3 章已分析）和汽车使用阶段（第 4 章已研究）使用能源产生的碳排放。同时，炼化企业也只考虑提炼成品油等能源的碳排放，制造化工品的碳排放不属于本章研究内容。

6.1 车用能源结构及低碳发展趋势

研究我国汽车使用的能源必须考虑我国的资源禀赋、能源供给和需求状况。目前我国能源结构是以高碳的化石能源为主。

1. 能源供需现状及趋势

据国家统计局相关数据显示，2021 年，我国能源消费总量达到 52.4 亿 t 标准煤，其中，煤炭消费占比 56%，石油占比 18.5%，天然气占比 8.9%，一次电力及其他能源占比 16.6%，如图 6-1 所示。煤炭、石油消费呈现下降态势，与十年前相比，煤炭消费占比下降了 14.2 个百分点，水电、核电、风电等非化石能源占比提高了 8.2 个百分点。

第6章 低碳能源：车用能源生产环节排放与减碳路径

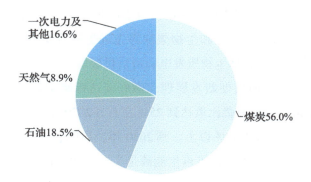

图6-1 2021年中国一次能源消费结构

据中国石油集团经济技术研究院统计数据，2021年，我国石油表观消费量7.15亿t，同比下降2.3%，原油产量继续回升至1.99亿t，同比增长2.1%，石油净进口量5.17亿t，石油对外依存度首次下降，降至72.2%。据中国石油和化学工业联合会数据，汽油表观消费量为1.4亿t，柴油表观消费量为1.47亿t，煤油表观消费量为3200万t。

能源绿色低碳转型取得明显成效。2021年，我国可再生能源装机容量突破10亿kW，水电、风电、太阳能发电、生物质发电装机容量均居世界第一，在运在建核电装机总规模世界第二。清洁能源消费占比达25.5%，煤炭消费占比从2012年的68.5%下降到2021年的56%。

但面向碳达峰碳中和，我国能源可持续发展仍面临较大的挑战。富煤贫油少气是我国国情，以煤为主的能源结构短期难以改变（煤炭消费占比为56%，煤电发电量占全国总发电量的60%以上），发展可再生能源面临空间分布不均、发电间歇性和波动性大导致新能源并网困难的巨大挑战，同时面临产业结构偏重、碳中和技术支撑弱和成本突出等问题。

下一步我国能源低碳清洁发展的主要方向是"风光分布""东核西水""农林生物"。"风光分布"是指在沙漠、戈壁、荒漠规划建设大型风电、光伏基地，配置建设清洁高效支撑电源和能源外送能力；在用户侧或配电网侧发展小型光伏、风电、生物质发电等分布式可再生能源。"东核西水"是指将核电作为东部地区能源结构转型的重要技术选项，西南地区水利资源相对丰富，将在

"十四五"期间初步建成以水电为主的可再生能源体系。"农林生物"是指在粮食主产区等地区促进非粮乙醇和生物柴油等先进生物液体燃料产业化，城乡发展生活垃圾焚烧发电、农林生物质发电和清洁供暖等。

《关于完整准确全面贯彻新发展理念做好碳达峰碳中和工作的意见》提出到2030年，非化石能源消费比重达到25%左右（2020年为15.9%）。2060年，非化石能源消费占比达到80%以上。到2030年，风电、太阳能发电总装机容量达到12亿kW以上。一方面，可再生能源是实现非化石能源消费比重目标的关键，可再生能源步入市场化面临成本相对较高的压力，对传统能源的路径依赖也影响终端用能的深度替代。另一方面，新能源和新型负荷增加和能源电力系统转型慢的矛盾日益加剧。

为满足不同的能源需求，我国能源呈现多元化的特征。存在的突出问题是，石油对外依存度较高，受国际政治影响、冲击的可能性较大，以传统汽、柴油为主的车用能源结构亟待改变。近几年，我国风能、太阳能等可再生能源发电的快速发展与新能源汽车的快速普及，分别从能源供给端和终端用能端两端发力，推动能源结构的转型。由于可再生能源分布的地域性特征，我国特高压输送网络为可再生能源电力的跨省使用提供了网络基础。在推进我国能源从高碳的化石能源向新能源转型的过程中，可再生能源电力、特高压输送网络、新能源汽车的有效结合和相互支撑，有望构建基于新能源的三位一体新体系，如图6-2所示。

图6-2 我国的可再生能源电力、特高压输送网络与新能源汽车普及

此外，新能源汽车作为用能和储能单元，辅以分布式能源的结合，也为我国可再生能源电力的发展提供了更多的应用前景。

2. 车用能源

近几年各国都在大力推进车用能源的转型，主要是推动以纯电动汽车为主的新能源汽车普及，也取得了积极的效果，但目前传统的化石燃料——汽油和柴油仍然是汽车交通的主要燃料，各种能源与汽车应用的关系如图6-3所示。

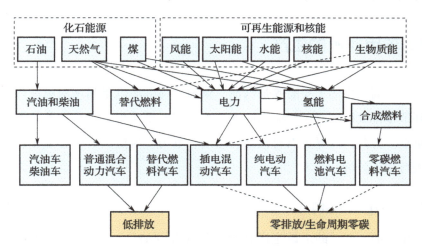

图6-3　各种能源与汽车应用关系

中国车用能源也是以汽油、柴油为主，由于天然气汽车保有量的增加和新能源汽车的加快普及，天然气、电力、乙醇汽油已得到规模应用，甲醇汽油、生物柴油等刚进入市场推广阶段。

《2021年国内外油气行业发展报告》对其他车用燃料进行了分析，也对转换成品油的替代作用进行了比较，其他替代燃料如下：①车用天然气消费量持续增长，达到345亿m^3/年，按照2021年天然气汽车保有量595万辆估算，天然气消费替代成品油2810万t。②车用电力消费量持续增长。据公安部数据，2021年底，新能源汽车保有量达到784万辆，车用电力消费替代成品油约650万t。③2012年以来，工信部牵头先后在山西、上海、陕西、贵州、甘肃5省市共10个城市，组织开展了甲醇汽车试点工作，试点省份已经建立了完善的甲醇汽车生产、销售、服务体系和甲醇燃料输配送供应保障体系。2021年，生态环境部正式打开甲醇汽车公告申报端口，甲醇汽车开始进入市场推广阶段。燃料甲醇大概消费950万t/年，替代成品油425万t。④生物柴油方面，上海是目前国内唯一实行生物柴油添加的地区，大约消费50万t/年。⑤到2021年底，我国燃料电池汽车累计销量接近8800辆，替代成品油约0.8万t/年。由此可见，我国呈现汽、柴油消费占据绝对主导地位（占90%左右）、天然气和电力消费为辅（合计占10%）、其他燃料极少的车用能源消费格局。

6.2 车用能源的生产

汽车当前使用的主要能源是汽油、柴油，纯电动汽车和燃料电池汽车由于使用环节零排放得到汽车产业的高度关注，同时零碳燃料也是国外能源行业的关注重点。为此，需要重点对汽油、柴油、电力、氢能、零碳合成燃料的生产情况进行初步分析。

1. 原油开采和炼制

车用汽油、柴油的上游生产是指"从油井到油箱"，主要是从地层深处的原油到加油枪里的汽油、柴油的生产和运输过程，如图6-4所示，主要分三个环节：第一个环节是原油开采和进口，以及原油的运输；第二个环节是在炼化厂里进行成品油的炼制，将原油炼制成汽油、柴油、煤油等；第三个环节是汽油、柴油等成品油的运输及终端车辆的加油。

原油开采及运输

汽油、柴油、煤油等

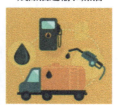
提供给汽车、飞机等

图6-4 原油开采、炼制和加油概览

2. 电力的生产和输电配电

电能来自其他形式能量的转换,主要包括热能(火力发电)、水能(水力发电)、原子能(核能发电)、风能(风力发电)及光能(太阳能发电)等。2021 年,燃煤发电量在全球电力供应中约占 40%(36%),石油(3%)和天然气(23%)发电约占 26%,水力发电 16%,核能发电 10%,风力发电等可再生能源 11%,其他 1%。化石燃料提供了世界上 2/3 的电力。据中国电力联合会数据统计,2021 年全国全口径发电量为 83959 亿 kW·h,其中火力发电量占 65.5%,非化石能源发电量为 2.9 万亿 kW·h,占比为 34.5%。非化石能源发电中,风力发电量、太阳能发电量和生物质能发电量分别为 6556 亿 kW·h、3270 亿 kW·h 和 1637 亿 kW·h,占比分别为 7.8%、3.9% 和 1.9%。2021 年中国电力结构如图 6-5 所示。

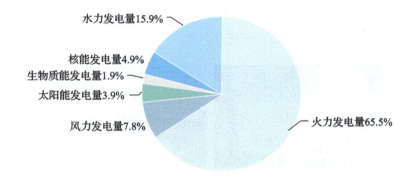

图 6-5 2021 年中国电力结构

注:数据来源于中电联和国家统计局。

1)**火力发电**:利用煤、石油、天然气作为燃料生产电能的工厂称为火力发电厂,其能量转化过程是"燃料的化学能—热能—机械能—电能"。管道内的饱和水吸收燃料在锅炉里燃烧释放出的热量生成过热蒸汽,推动汽轮机转动,通过联轴器带动发电机转子转动进而产生电能。

2)**水力发电**:利用河流中水的位能(势能)发电,按照水位落差形成的方式可分为坝式、引水式、混合式三类,但其能量转化过程都是"势能—机械能—电能"。下降的水流冲击水轮机转动后带动发电机转子旋转,发电机产生电压,经升压后将电力输送至电力系统。

3) 核能发电:核电站是利用一座或若干座动力反应堆所产生的热能来发电或发电兼供热的动力设施,其能量转化过程是"核裂变能—热能—机械能—电能"。它的原子反应堆相当于锅炉,发电原理与火力发电厂相似。

4) 风力发电:风力发电是可再生能源发电的一种,其能量转化过程是"空气动能—机械能—电能"。风吹动风轮叶片旋转,通过变速器带动发电机转子转动产生电能。

5) 太阳能发电:太阳能发电包括两大类型:一类是"光—热—电"转化方式,也就是常说的太阳能热发电,将太阳能集热器所吸收的热能转换成工质的蒸汽,再驱动汽轮机发电。其中"热—电"转化过程与普通的火力发电一样,但效率低、成本高。另一类是"光—电"直接转化方式,利用光电效应将太阳辐射能直接转化成电能。"光—电"转化的基本装置就是太阳能电池,它具有永久性、清洁性和灵活性三大优点,可以一次投资而长期使用。

图 6-6 火力发电、水力发电、风力发电和太阳能发电

发电厂发电之后,还需要经过输电、配电等过程才能到达个人家庭、商场、工厂等用电终端,如图 6-7 所示。发出的电能经变压器升压后,再经断路器等

控制设备接入输电线路,之后通过输电线路到达负荷中心,最后通过变压器降压并通过配电系统分配给各个电力用户。整个输配电过程包含了输电、变电、配电三个方面。

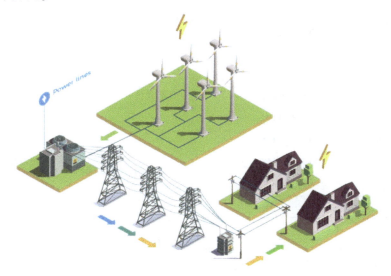

图6-7　发电、输电、配电到终端示意图

总的来看,由发电厂、送变电线路、供配电所和用电终端等环节组成的电能生产与消费系统称为电力系统,包括发电、输电、变电、配电和用户环节。

3. 氢的生产

氢的生产是指氢的制备、储存、运输环节和加注环节(结合车用)。氢的制备主要包括天然气(页岩气)转化制氢、煤(生物质)气化制氢、甲醇裂解制氢、工业副产气体净化提纯制氢、电解水制氢、太阳能光解水制氢等生产方式。氢的储存主要包括高压气态、低温液态、化学材料储氢、金属材料储氢等形式。氢的运输方式可采用管道、汽车或轮船,根据运输量、运输距离、经济性等要求进行选择。氢能用作车用能源时,加氢站是必要的基础设施。氢气的制备、储存、运输和加注方式见表6-1所列。

表6-1 氢气的制备、储存、运输和加注方式

制备			储存	运输	加注
化石能源	一次能源	天然气制氢	高压气体	管道	车用能源基础设施/加氢站
		煤制氢			
		石油类燃料制氢			
	二次能源	甲醇制氢	低温液体	铁路火车	
		工业副产氢			
		焦化焦炉气制氢			
		冶金高炉气制氢			
		氯碱副产气制氢	化学材料	公路汽车	
		丙烷脱氢副产气制氢			
		乙烷裂解副产气制氢			
可再生能源	一次电力	电	电解水制氢	金属材料	水路船舶
		水电			
		核电			
		风电			
		太阳能发电			
		生物质发电			

　　氢气不能经过长时间的聚集而天然地存在，必须通过一定的方法制备出来。制备氢气的传统方法主要是化石燃料改质制氢、电解水制氢、工业副产气体净化分离提纯制氢等，新方法主要有生物质制氢、光催化制氢、生物发酵制氢等。氢的制备方法多样，不同制备方法的资源依赖度、技术成熟性、能源转化效率、碳排放强度和成本经济性均不同。

　　从当前技术水平看，化石燃料改质制氢的原料丰富且成本低廉，能源利用效率高，但能源消耗量大，是一次能源储量丰富国家的首选；电解水制氢技术比较成熟，但能耗较高、成本偏高、经济性较差；工业副产气体净化分离提纯制氢的技术成熟、经济性好；生物质制氢目前能源转化效率较低、成本偏高、经济性差。不同制氢方法的反应原理及优缺点见表6-2。

表6-2 不同制氢方法的反应原理及优缺点

制氢方法		反应原理	优点	缺点
化石燃料制氢	煤制氢	煤焦化和煤气化	我国煤储丰富、产量丰富、成本较低、技术成熟	温室气体排放量大
	天然气制氢	蒸汽转化法为主,部分采用氧化法及催化裂解	成本较低、产量丰富	温室气体排放量大
工业副产制氢	焦炉气制氢	采用变压吸附法直接分离提纯氢气	工业副产品、成本低	空气污染、建设地点受原料供应限制
	氯碱制氢	氯酸钠尾气:脱氧脱氯、PSA分离纯化 PVC尾气:变压吸附净化、变压吸附PSA提氢	产品纯度高、原料丰富	建设地点受原料供应限制
电解水制氢	碱性电解	直流电分解水电解	技术较成熟、成本较低	产气需要脱碱,需稳定电源
	质子交换膜电解		操作灵活、装备尺寸小、输出压力大、适用于可再生发电的波动性	需使用稀有金属铂、铱等,成本高且供应链局限大
	固体氧化物电解		转化效率高	实验室阶段
光解水、生物质能等制氢法		太阳光催化水分释放氢气、微生物催化水分解制氢	环保	技术不成熟、氢气纯度低

据国际能源署(International Energy Agency,IEA)和中国煤炭工业协会的数据:全球范围内均是以化石能源制氢为主,全球以天然气制氢居多,占比59%,如图6-8所示,中国以煤制氢为主(62%),天然气制氢(19%)和工

业副产氢（18%）为辅，而可再生能源制氢仅占1%左右，如图6-9所示。当前氢气的生产与消费多是合成氨、合成甲醇、炼油、炼焦等企业自产自用，主要作为工业原料而非能源使用。

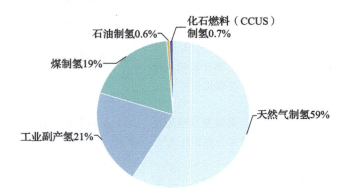

图6-8　2020年全球制氢结构

注：数据来源于国际能源署。

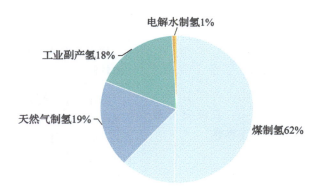

图6-9　2020年中国制氢结构

注：数据来源于中国煤炭工业协会。

4. 合成燃料

合成燃料（e-fuel）是指将水电解生成的H_2与直接从空气中捕集（Direct Air Capture，DAC）的CO_2，通过催化反应得到的甲醇（直接合成甲醇）、汽油（甲醇合成汽油）和柴油（费-托合成柴油）等合成液体燃料。其中，采用绿

氢与 CO_2 直接合成甲醇已得到企业应用，甲醇合成汽油技术成熟且有相关产业，生成的汽油与化石汽油差异小。费-托合成柴油技术较为成熟，且具备量产能力。其他方式的合成技术还在研究中。

合成燃料涉及的产业链包括可再生发电、制氢、碳捕集、合成燃料制备、内燃机使用。目前，合成燃料的价格比较高，主要是 e-fuel 受电解制氢成本影响较大。合成燃料的缺点是成本较高，优点是燃料的存储、运输、加注可以继续使用现有汽油和柴油等燃料的基础设施，无需布局新的充电站和加氢站。

6.3 车用能源生产环节碳排放分析

当前汽车使用的能源主要是汽、柴油，未来是电力、氢气和零碳燃料。为此需要重点分析原油开采与炼制碳排放、电力碳排放、氢气制取及储运碳排放和零碳燃料制备中的碳排放。

1. 原油开采与炼制碳排放

车用燃料周期的碳排放可以分为原油开采、原油运输、炼厂生产、产品运输和产品使用 5 个环节，产品使用是油箱到车轮的燃料使用阶段。如图 6-10 所示，从汽油生命周期碳排放来看，车辆行驶燃烧能源阶段占比 73.0%，原油开采和炼厂生产分别占 10.5% 和 15.0%，运输过程占比较少，仅为 1.5% 左右。

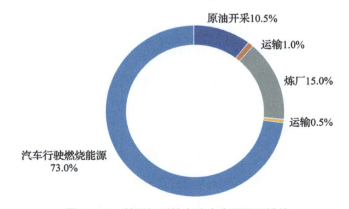

图 6-10 美国加州的汽油生命周期碳排放

就车用燃油生产环节碳排放来看,由于原油运输和产品运输环节碳排放相对较少,因此主要是原油开采和炼制阶段的碳排放。炼厂二氧化碳排放源分类及分布如图6-11所示。

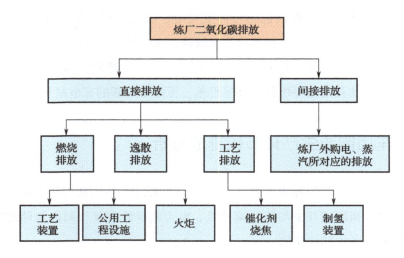

图6-11 炼厂二氧化碳排放源分类及分布图

根据中国石油大学的相关数据来计算,中国原油开采环节每1L原油大概会产生0.16~0.34kg的二氧化碳排放,炼制成汽油、柴油每1L分别会产生0.17kg和0.2kg的二氧化碳排放。因此,中国车用汽油、柴油上游生产环节产生的碳排放大概是:每生产1L汽油会产生0.5kg的二氧化碳排放,每生产1L柴油会产生0.54kg的二氧化碳排放。

原油开采过程还有多大的减排空间?原油开采过程中的排放管控能有效降低原油生产过程中的碳排放。通过回收原油开采过程中产生的伴生气,并严格管控其他废气的燃烧和排放,严格管控泄漏和通风引起的排放,可以将原油开采过程中的碳排放强度降低到$5.8gCO_2e/MJ$。中国如果要降低到这个强度,和目前相比还有30%的减排空间。

原油炼制过程中的减排空间有多大?石化企业相关的研究显示,中国汽、柴油炼制平均碳排放分别为$11.7gCO_2e/MJ$和$8.7gCO_2e/MJ$。通过降低电力和氢气使用的碳排放,汽油、柴油炼制过程中的碳排放能分别减少19%和39%。而对焦油燃烧和炼厂热力生产过程加装碳捕集装置,能将汽、柴油排放水平下降71%和87%。

2. 电力生产碳排放

车用电力的生命周期也可分为发电、输送、配电、车辆充电、车辆使用环节。在电力的输送环节,电网总损耗为1%~7%。电力的主要碳排放还是在发电环节,不同发电方式的碳排放水平差异较大。

据联合国欧洲经济委员会的《全生命周期发电选择》报告,燃煤发电1kW·h会产生1kg的二氧化碳排放,30%热效率的天然气发电厂碳排放为700gCO_2/kW·h,50%热效率的天然气发电厂是434gCO_2/kW·h。而对应光伏电站生命周期的碳排放则是30gCO_2/kW·h,风能发电更是低至10gCO_2/kW·h。天然气、燃煤发电的碳排放是光伏、风能等可再生能源发电的14~110倍。水力发电的生命周期碳排放比较复杂,每年从水坝和水库排放较多的甲烷温室气体,但同时也能溶解、吸收一定的二氧化碳。

为什么传统的化石能源发电碳排放远远高于风能、光伏发电?主要原因是碳排放产生的环节不同。化石能源发电环节的碳排放主要包括化石燃料燃烧排放、脱硫过程排放,每发一度电就需要消耗一定量的化石燃料,持续发电则持续增加碳排放。风能、光伏发电的能源主要是取自自然界的风能和太阳能,不会持续带来碳排放的增加,它们的碳排放主要是生产发电设备产生的碳排放,也就是一次排放,发电过程中几乎零排放。

目前,电力碳排放占我国全社会碳排放的40%左右。2019年,我国单位火力发电量二氧化碳排放约838gCO_2/kW·h(2020年为832gCO_2/kW·h,中电联数据),比2005年下降20%(平均每年降低15g二氧化碳排放);单位发电量二氧化碳排放约577gCO_2/kW·h,比2005年下降32.7%(平均降低20g/年)。根据生态环境部《企业温室气体排放核算方法与报告指南 发电设施》,2021年我国电网的电力碳排放因子是0.5839kgCO_2/kW·h,即平均来看,在我国每发一度电会产生约0.58kg的二氧化碳排放。

与近零排放的光伏、风能发电的碳排放相比,每发一度电碳排放近500~

1000g 的天然气发电、燃煤发电的减排空间极其有限。因此，面向碳中和，发电环节要实现零碳，主要还是依靠结构调整，即向光伏、风能和生物质能等可再生能源发电的转变。舒印彪等对零碳情景下 2060 年电力碳排放和吸收进行了分析，如图 6-12 所示，在大力推动光伏、风能发电的同时，2060 年燃煤发电、天然气发电的碳排放必须降低到极低的水平，同时要依靠生物质发电才能实现电力的零碳。

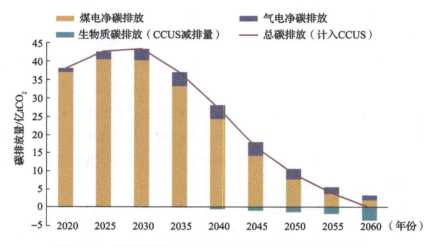

图 6-12　零碳情景下 2020—2060 年电力碳排放和吸收图

注：数据来源于舒印彪，新型电力系统导论［M］．北京：中国科学出版社，2022。

3. 氢气制取及储运碳排放

不同的制氢方式会导致不同的碳排放活动。从全生命周期碳排放看，化石燃料改质制氢在生产过程中有大量碳排放；工业副产气净化分离提纯制氢生产过程耗能，应折算成碳排放；电解水制氢的电若来自化石能源发电则仍有碳排放，若来自可再生能源发电则没有碳排放；生物质制氢因通过植物生长固定碳，植物再制氢成了碳循环利用的减碳方式。

不同路线的氢气生产过程碳排放存在较大差异。工业副产气制氢的碳排放强度最低，天然气制氢、甲醇制氢居中，煤制氢的碳排放强度最高，现阶段用电网电力电解水制氢，则碳排放强度较高，但如果采用新建可再生能源电力作为电源,则碳排放将有较大幅度降低。

据石油和化学工业规划院2019年的研究,按照不同氢气生产技术路线、生产工艺计算,氢气生产过程的碳排放由高到低大致可分为三个档次。第一档碳排放强度高于$15kgCO_2/kg$,主要是利用现有电网电力的电解水制氢(电力碳排放因子$0.56kgCO_2/kW·h$,包括燃煤、燃气、可再生能源发电)、煤制氢;第二档碳排放强度为$5\sim15kgCO_2/kg$,主要是天然气制氢、干气制氢、甲醇制氢;第三档碳排放强度低于$5kgCO_2/kg$,主要是工业副产氢,包括焦炉气提取制氢、焦炉气转化制氢、丙烷脱氢(PDH)副产气制氢、乙烷裂解副产气制氢、氯碱副产气制氢。不同路线的氢气生产过程碳排放如图6-13所示。

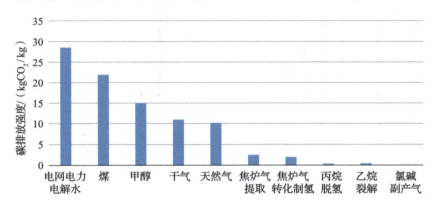

图6-13 不同路线的氢气生产过程碳排放情况

注:数据来源于石油和化学工业规划院。

根据中国目前的制氢方式结构,由于煤制氢等化石燃料制氢的方式在我国所占的比例较高,平均来看,制备1kg的氢气会产生20kg左右的二氧化碳。由于电解水制氢的能耗较高,现有电力下制氢的碳排放强度也较高,电解水制氢可在可再生能源电力较多的区域推广。

4. 零碳燃料制备碳排放

由于零碳燃料制备还在研究和推进中,对碳排放研究的文献并不多。采用GREET模型,美国阿贡国家实验室测算了不同碳氢燃料生命周期温室气体排放强度[28],如图6-14所示。汽、柴油的碳排放强度分别为92.8gCO₂e/MJ和91.1gCO₂e/MJ。在汽油中掺入以玉米秸秆为原材料的第2代生物乙醇,E85的碳排放强度可以降至29.6gCO₂e/MJ。由于制取的原材料不同,生物柴油的碳排放强度在16.3~32.6gCO₂e/MJ之间。生物质制取的二甲醚(DME),其碳排放强度低至4.9gCO₂e/MJ。由可再生能源获得的绿电甲醇的碳排放强度可以低至1.8gCO₂e/MJ。通过可再生能源电力进行制氢、CO_2捕捉、费-托合成的绿电合成燃料(e-fuel)的碳排放强度仅为0.6gCO₂e/MJ,是接近零碳排放的燃料。

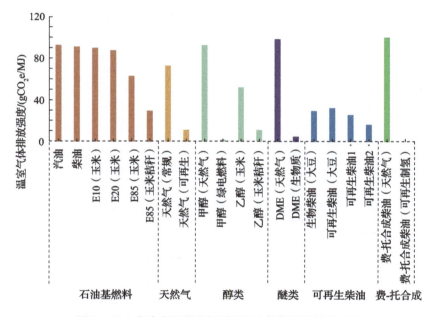

图6-14 全生命周期碳氢燃料温室气体排放强度对比

5. 汽、柴油与电力生产阶段碳排放比较

车用能源的生产阶段包括制能(原油开采、发电)、加工(如精炼)、运输、补能(车辆加油、充电)等多个环节,相对来说,制能、加工是产生碳排放的重要环节,运输、补能也有一定的能源损失,如电网输送可能有1%~7%的能耗损失,也会折算一定的碳排放,但所占比例偏低。因此,主要的减碳路径关注制备能源环节。每种能源的制备也都有多种技术路线,不同技术路线

（如可再生能源发电、化石能源发电，可再生能源电力制氢、煤制氢和工业副产氢，不同的合成燃料）的碳排放差异也较大。

1) **碳排放总量**。车用能源生产的碳排放总量受汽车保有量、汽车行驶特征、车用能源结构、不同能源生产阶段碳排放因子影响较大。未来较长一段时期，汽车保有量还将逐步增长，新能源汽车的普及虽然降低了汽车行驶阶段碳排放，但短期受电力碳排放因子较高的影响，同时由于汽、柴油开采、冶炼与运输阶段的碳排放因子下降空间有限，总的来看，较长一段时期内车用能源上游碳排放还会逐步增加。

基于我国目前电力和汽、柴油的生产阶段碳排放情况，将不同的能源提供给汽车使用，一辆纯电动汽车用电带来的上游环节的碳排放比一辆汽油车用油导致的上游环节的碳排放还高。假设一辆纯电动乘用车和一辆燃油乘用车一年均行驶1万km，则上游燃料周期（从油井到油箱）的碳排放纯电动乘用车是燃油汽车的两倍，如图6-15所示。

百公里油耗：7L
汽油生产阶段碳排放因子：0.5kgCO$_2$/L
一年行驶里程：10000km
汽油生产碳排放：350kg/年

百公里电耗：12.4kW·h
电力生产阶段碳排放因子：0.58kgCO$_2$/kW·h
一年行驶里程：10000km
电力生产碳排放：725kg/年

图6-15 纯电动乘用车和燃油乘用车车用能源上游碳排放比较

注：以上只是举例比较上游能源生产环节的碳排放差异。从全生命周期评价，纯电动乘用车碳排放显著低于燃油乘用车。

2) **碳排放强度**。车用能源上游生产环节碳排放的减少有利于降低汽车全生命周期碳排放。对于传统汽、柴油汽车，燃料周期的碳排放占到80%左右，而上游生产环节碳排放大概占燃料周期的20%，如降低50%的上游生产环节碳排放则会对于燃料周期产生10%左右的降碳效果。对于纯电动和燃料电池汽车，能源上游生产环节的碳排放直接决定其全生命周期是否低碳，如果上游电力的碳排放是高碳排放，则全生命周期碳排放比燃油汽车还高，如果上游电力是低碳甚至是零碳电力，则可实现燃料周期的零排放。

推动汽车用油、用电的上游碳排放的减少，短期原油生产环节减碳更加迫切，远期电力生产减碳更加重要。短中期，由于传统的燃油汽车使用的汽、柴油总量较大，同时，原油生产环节还有一定的减碳潜力，短中期应大力推进原油生产环节碳排放强度的降低，以此来大幅度减少车用能源生产环节的碳排放。但随着汽车保有量中新能源汽车的逐步增多，以及传统化石能源的开采中脱碳技术可能达到瓶颈，将越来越凸显可再生能源电力的结构调整对车用能源上游环节脱碳的巨大作用。

6.4 主要路径

基于以上的研究来看，车用能源生产环节碳排放的减少，短中期是降低原油开采和炼制环节的碳排放，以及推动电气化替代，长期是向零碳电力、零碳燃料等转型。在实现碳中和的过程中，由于纯电动、零碳燃料都需要依靠零碳的电力，为此最关键的是构建适应新能源占比逐渐提高的新型电力系统。

1. 油气生产节能减碳

相关行业的研究显示，我国石化行业综合能耗比世界先进水平高 20kg 标油/t 原油以上。为降低油气生产环节的碳排放，应实施油气绿色生产行动，淘汰落后工艺设备，推动生产环节余热余能利用。加强油田伴生气回收，努力提高天然气商品率。持续开发和推广应用低能耗炼油技术，加快采用环保新技术研发低排放的设备。

2. 可再生能源电力替代

据英国石油公司（BP）统计，2021 年全球光伏发电和风力发电在发电总量中的占比达到 10.2%。根据国际能源署的《2050 年净零排放：全球能源行业路线图》，2050 年，可再生能源电力在全球发电总量中的占比将为 88%，其中光伏发电和风力发电的总和将占到近70%。在我国电力产生的碳排放占到40%以上，发展可再生能源电力可以替代现行以化石燃料为主的能源消费结构，同时推动高碳发电转变为低碳甚至零碳发电，显著降低电力碳排放。

可见，电气化替代是重要的路径，既包括终端消费品（如汽车）由化石能源转向电力驱动，也包括能源行业开采、炼制等生产过程由使用化石燃料转向使用电力。因此，需要推动构建新型电力系统，加速可再生能源电力替代进程，一方面，我国要大力提高风能、光伏发电装机量，另一方面，要加强跨省跨区超高压特高压电网建设，推动电网柔性可控互联，使得电网主动适应大规模集中式新能源的发展。

3. 鼓励零碳燃料研发和示范应用

生物质能、合成燃料的原始能量来源于太阳，所以从广义上讲，生物质能、合成燃料都是太阳能的一种表现形式。应鼓励电力企业、石化企业加大合成燃料（e-fuel）、氨燃料、醇燃料等的技术研发。积极推动汽车企业、内燃机企业和能源企业加大零碳燃料产业链的合作、示范、应用，不断降低零碳燃料成本，最终实现零碳燃料对高碳化石燃料的替代。

4. 发展生物质能

生物质是指通过光合作用而形成的各种有机体，包括所有的动植物和微生物。而所谓生物质能，就是太阳能以化学能形式贮存在生物质中的能量形式，即以生物质为载体的能量。通常包括木材、森林废弃物、农业废弃物、水生植物、油料植物、城市和工业有机废弃物、动物粪便等。生物质能直接或间接地来源于绿色植物的光合作用，可转化为常规的固态、液态和气态燃料，是一种可再生能源，同时也是唯一一种可再生的碳源。

国外的生物质能技术和装置已达到商业化应用的程度，美国、瑞典和奥地利三国将生物质转化为高品位能源利用已经具有相当可观的规模，分别占该国一次能源消耗的4%、6%和10%。我国也应在非粮主产区发展生物质能，鼓励生物质能发电提供给纯电动汽车使用，生物质能制氢作为燃料电池汽车的能源，以及乙醇汽油、生物柴油等的发展。通过鼓励生物质能作为车用能源的来源，有效降低车用能源上游的碳排放。

5. 积极发展应用氢能

氢能作为电气化能源系统的必要补充，在难以电气化的领域还需要大力推动可再生能源制氢的应用。到碳中和时应以可再生能源电力直接制氢和电网电力制氢为主。氢能在汽车中的应用也应得到重视，当前财政部等部委已启动燃料电池汽车示范应用，还需要加强氢能供应体系建设。系统研究多种氢能供应路径的可行性和科学性，建立适合我国国情、科学合理、安全高效的制氢、储运氢、加氢产业链，促进形成完善的氢能供应体系。在氢气制备方面，鼓励具备氢气资源的地方因地制宜，建立特色化的氢能供给体系。积极发展工业副产氢提纯制氢、可再生能源电解水制氢等绿色制氢方式，保障车用氢能供给。推动氢能供应与化石能源高效利用结合、与可再生能源结合，推动构建区域性氢储运优化情景或氢储运微网示范。

6. 碳捕集、利用与封存技术和产业示范

碳捕集、利用与封存（Carbon Capture, Utilization and Storage, CCUS）也是重要的减碳技术，应开发高效经济的碳捕集、利用与封存技术。要加大研发投入，积极开发突破性的碳捕集与封存技术，并与车用汽、柴油的炼制结合，降低传统化石能源生产环节的碳排放。开展规模化二氧化碳驱油与封存试点示范。捕集的二氧化碳也可以和零碳燃料的制备等结合起来，完善二氧化碳捕集存储利用体系。

7. 推广普及分布式发电、电动汽车与用户侧储能

为构建新型电力系统，我国也鼓励在用户侧或配电网侧安装小型光伏发电、风力发电、生物质发电等可再生能源系统，自发自用为主、余量调节上网为辅。纯电动汽车作为终端用能载体，和分布式发电相结合，既可以减少电力的长距离运输从而减少碳排放，同时也可通过聚合电动汽车虚拟储能资源大规模消纳

弃风弃光。此外，纯电动汽车在电网负荷低谷时充电、电网负荷高峰时放电，也能将电动汽车作为储能单元，发挥纯电动汽车在电网中削峰填谷的作用，如图 6-16 所示。

图 6-16　纯电动汽车参与削峰填谷

应以智能电网、能源微网、电动汽车和储能等技术为支撑，大力发展分布式能源网络，增强用户参与能源供应和平衡调节的灵活性和适应能力。用户侧光伏与道路光伏等分布式能源如图 6-17 所示。

图 6-17　用户侧光伏与道路光伏发电

6.5　减碳成本

未来碳中和背景下是电力还是其他能源取代汽、柴油在车用能源的主体地位？电能、氢能以及生物燃料、合成燃料可能会与汽、柴油展开技术竞赛和成本竞争，最终低成本、低碳、高可靠性的能源会取得市场主体地位。车用能源的转型必须考虑大规模应用的成本，可再生能源电力的成本可能决定能源转型的进程。

目前，针对传统的化石燃料世界各国已经搭建了从地下开采到利用化石燃料生产和输配能源的低成本系统，有些国家甚至还有补贴，使得化石燃料的成本较低。如果转向电力，在很多国家燃料的使用成本会提高。欧洲的研究结果预计脱碳90%~95%会导致电费平均上涨约20%，美国则会使每度电提升10美分。经过十多年的支持，风力发电、光伏发电的应用水平在中国得到了快速的提升，在四川等地区甚至实现了可再生能源电力和燃煤发电电力上网电价持平，预计在2025年前可再生能源发电电价会与燃煤发电实现平价。如果将车用能源分为制备、提炼、输送、补能，在实现制备能源的成本相同以后，还需要考虑以下三个可能会增加的成本：

一是新能源对电网可靠性、稳定性的挑战。风/光发电出力具有强随机性和波动性，随着风/光并网容量的持续增加，风/光多时空尺度功率预测及应用成为电网运行控制的关键环节。

二是新能源发电的季节性、时空差异可能增加的成本。太阳能和风能只能在25%~40%的时间里发电，若要实现新能源的大规模替代，为维持新能源电力的稳定性，需要增加更多的风电和光伏装机量为电力使用提供冗余量，以及新增跨省跨区电网的建设、储能等，造成成本的增加。电力的最终成本中，输（相当于高速公路）配（相当于地方道路）电成本大概超过1/3。电力的存储目前还未找到大规模应用的低成本技术，而依靠电池储能则将显著增加可再生能源电力的综合成本。

三是终端补能的基础设施建设成本。电力和氢能提供给汽车使用，仍需要重新建设充电桩、加氢站。譬如，加氢站建设运营成本仍较高，单个加氢站的建设成本一般会超过600万元。

综合以上三方面的因素来看，要实现车用能源上游的零碳排放，还面临着较大的成本压力。为此，还需要鼓励新技术、新材料等的发展，通过研发、示范、规模应用等，不断降低新能源的成本。

6.6 减碳主体与措施

为推动能源绿色低碳转型，我国政府管理部门正在加强能源消费强度和总量控制，对新增的可再生能源不纳入总量控制，但需要考虑碳排放强度。建立以能效、碳排放强度为导向的激励约束机制，淘汰落后产能。完善高耗能、高排放行业阶梯电价等绿色电价政策，强化与产业和环保政策的协同。开展绿色电力试点，并推动分布式能源的发展。继续推进电力体制改革，明确增量配电网、微电网和分布式电源的市场主体地位，完善省级政府间的可再生能源电力输送和消纳协同机制。

面对双碳目标，石化企业、电力企业等需要在政府部门的引导下，履行各自的减碳责任，积极推动车用能源的低碳发展。

1. 石化企业

和国外石化企业相比，我国石油生产综合能耗高，在零碳燃料上较少涉及，在 CCUS 技术实践方面还处于起步阶段，项目开发案例较少。虽然汽、柴油车用能源碳排放降低的潜力较大，但中国减碳也存在着一些现实困难，油田开采的难度和炼油能耗降低的难度越来越大，因此，石化企业应在短中期推进化石能源生产降碳的同时，在长期推动向新能源的转型。

1）**大力降低原油开采和炼制环节的生产排放**。我国的石化企业正在进行"减油增化"转型，在转型的同时仍要致力于化石能源生产的减碳。采用绿色低碳的新系统、新工艺及节能设备提高能效。

2）**大力推动氢能的制备和产业链发展**。道达尔积极引入氢能利用，在荷兰 Zeeland 炼化厂开展蓝氢制备，利用炼化工艺中的甲烷和捕集的二氧化碳反应，然后和甲烷一起生产氢气。目前，中国石化正在大力推动氢能的应用。一方面，石化企业应加大氢能制备技术的研发；另一方面，要推动能源服务转型，譬如将终端建设成为"油气氢电服"综合能源服务站，从而打造新的氢能产业链。

3）**积极开发生物质能、光能、风能等，推动可再生能源对化石能源的替代**。沙特阿拉伯国家石油公司、英国石油公司等将可再生能源（如太阳能、风能）作为开发的重点。如英国石油公司在美国投入使用了 9 个风电场，总装机容量达到了 1.7GW，在西班牙建设了 247MW 的光伏电站项目。中国石化"十四五"期间规划布局 7000 座分布式光伏发电站点。应积极发展可再生能源,积极探索参与新能源为主的新型电力系统建设的可能性。在合适的区域发展生物质能制氢、发电,为车用能源提供更多的选择。

4)**在可再生能源电力丰富区域积极发展合成燃料**。合成燃料能有效利用现有的汽、柴油运输和加注系统,可在西部等可再生能源电力丰富的区域,研发并开展合成燃料的应用示范。

5)**加大碳捕集技术研发**。埃克森美孚、道达尔、沙特阿拉伯国家石油公司、英国石油公司等都在加大研发投入,开发突破性的碳捕集与封存技术,以最终实现关键技术的全球推广。

2. 电力企业

发电企业、电网企业要积极推动可再生能源并入电网,推动源网荷储(电源、电网、负荷、储能)一体化发展。电网企业要完善电网主网架结构、加快配电网改造升级,扩大新能源电力跨省跨区输送规模。积极加快充电桩的建设,开展车网互动等试点,探索电动汽车在调峰服务中的作用和应用途径。合理布局电网侧新型储能,发挥促进新能源消纳、削峰添谷、增强电网稳定性等多重作用。

6.7 小结

目前来看,面向碳中和要实现车用能源的低碳转型,可再生能源电力是转型的关键一环,但单独依靠电力仍面临较大的脆弱性风险,电解水制氢、合成燃料、生物质能为我们实现低碳的车用能源提供了多种应用途径。构建以可再生能源电力为主的多元化低碳能源体系,提供多种车用清洁能源组合,才能为车用能源的可持续低碳发展提供强有力的保障。在这个转型过程中,我们一定要明确最终目标是实现低碳甚至零碳的车用能源,而不只是发展可再生能源,因此,我们应该鼓励一切低碳、零碳能源的发展,甚至包括传统的化石能源和 CCUS 技术的应用,不应将某些能源封存了之。

此外，从碳排放的角度来看各种能源，氢能、电能、生物质能、合成燃料各自都有多种细分的技术路线，不同技术路线的碳排放也存在较大的差异，有的技术路线比传统的汽柴油碳排放还高。因此，我们应继续深入研究不同能源的低碳技术，鼓励石化企业、电力企业以及其他企业研发低碳能源技术，并与汽车生产企业、产业链的其他企业一起构建低碳车用能源产业链体系，早日实现车用能源的脱碳发展。

第 7 章
零碳生态：碳中和背景下汽车产业新生态

零碳构建汽车新生态。

碳达峰、碳中和不仅会导致我国经济社会的系统性变革，也会影响产业发展，推动产业变革。百年汽车产业当前正处于"电动化、智能化、网联化、共享化"变革的关键时期，双碳目标对汽车产业的影响更加深远。汽车作为工业、交通、能源等众多产业汇聚发展的重要载体之一，碳中和的发展要求会推动汽车与能源、交通、材料等诸多行业融合、创新发展，汽车产业在变革中也将形成新的生态。

7.1 碳中和对汽车新生态的影响

1. 汽车生态的三方面变化

碳中和对汽车产业生态的影响，可能体现在"三新""三变""三链"三个方面。"三新"指碳中和背景下汽车产业会产生的新物种、新产业、新模式，"三变"指被革命的行业、新加入的行业和产业中核心环节及核心价值链的变化，"三链"是技术链、价值链和应用链的变化。

一项技术从实验室走向产业化，需要迈过三道"门槛"：技术临界、经济临界、市场临界，即，创新链、价值链、应用链的突破。三道"门槛"迈过以后，产业会步入快速发展通道。技术链须关注新能源汽车、可再生能源技术突破的关键环节。价值链应分析新能源汽车与燃油汽车、可再生能源与化石能源成本持平，甚至显著低于化石能源的时间点，以及产业链中的价值、利润源的变化情况。应用链应分析未来消费者需求和新产品的应用场景、用户特征等。根据可再生能源行业、汽车行业的专家分析，风电、光伏发电、电动汽车均有望在2025年迈过三道"门槛"。

2. 碳中和背景下要素资源重构

碳中和背景下技术、生产、服务、政府资源等生产要素资源都面临重构，从而构建新的汽车产业生态。

一是横向的产业间连接融合重新定义汽车与能源产业。汽车行业由传统的机械装备制造业演变为新能源汽车叠加新能源、储能、新交通出行，催生出一个新的大汽车行业或者是全新的以汽车为载体的跨界融合产业。我国也有望通过发展风能光伏发电、特高压电网、新能源汽车构建制能、输能、用能的能源闭环，从而构建相对更加安全的能源供给和使用体系。

二是纵向的产业内垂直整合不断延伸。未来要实现碳中和，汽车企业在关注自身碳排放的同时，必须关注汽车产品的碳足迹，实现产品生命周期的零碳排放。一些汽车企业为实现低碳发展，已从整车延伸到关键零部件甚至原材料，从汽车使用延伸到充换电等补能、清洁能源的使用甚至生产等，譬如长城汽车开始涉足太阳能光伏组件生产，在江苏从事钙钛矿光伏、钙钛矿光电产品研发和制造。

三是产业间融合催生新业务、新产业。汽车与能源行业相互跨界进入、跨界合作，传统的加油站正在演变为油、氢、电等一体化的能源服务综合提供商。能–碳管理的结合，催生了碳管理软件、数字化监测技术等的应用。低碳发展的巨大资金需求，也使得碳资产、碳定价、碳金融成为新的热点行业，碳管理服务、碳金融、碳交易、碳价格、碳信息披露等新业务和新工作需求正在显著增加。

7.2 新生态下汽车产业发展趋势

1. 汽车产品技术路线呈现加速电动化态势

新能源汽车在行驶阶段减碳效果显著，也是发达国家实现交通领域碳减排的共同选择。与燃油汽车相比，新能源汽车可以实现汽车使用阶段的零碳排放，即使计算电力上游生产、车辆材料上游碳排放后全生命周期碳排放也比汽油车低40%左右。因此，碳中和背景下应继续普及新能源汽车，推进汽车产品从燃油汽车向电力驱动的转变。2021年，我国新能源汽车销售占比已达到13.4%，2022年市场占比已超过25%。

汽车产品低碳化发展也应大力推进汽车产品的小型化、轻量化，以降低单车碳排放。小型化不仅降低上游的能源碳排放，同时也能带来车用材料碳排放的降低。譬如，五菱宏光 MINI EV 的单车全生命周碳排放比主流纯电动车乘用车的碳排放降低37%。

2. 车用能源演变为制储补用一体的立体能源体系

1）制能领域。实现碳中和主要以能源终端消费的电气化为核心，应大力推进电力的清洁化和可再生能源成本的降低。新能源汽车普及进程的加快，对电力清洁化的需求更加迫切，而随着风力发电、光伏发电成本的逐步降低，碳中和背景下非化石能源有望取代化石能源成为主流能源。能源供给侧的清洁能源替代也将重塑能源行业，可再生能源的季节性和时段特征造成峰电谷电时间的变化，也对电网稳定性造成比较大的冲击，化石能源有可能作为调峰电源或备用电源。

2）储能领域。目前电池储能在电源侧、电网侧、用户侧均已具备规模推广的经济价值，未来氢能也有望成为新的储备能源。初步计算，一个城市若有100万辆新能源汽车，按照50kW·h/车计算，则车载电池储电容量可达到0.5亿kW·h。新能源汽车保有量达到8000万辆后，新能源汽车也可形成一个规模大、成本低、安全性好的分布式储能系统。

3）**补能领域**。2021年以来，新能源汽车销量的快速增长，主要是新能源汽车产品力的提升，但随着保有量的不断增加，充换电基础设施将制约新能源汽车的继续增长。2021年，我国平均三辆车共用1个充电桩，需要尽快推进充电桩、换电站等基础设施建设。同时，充电便利后也有助于优化新能源汽车产品的研发设计，避免通过增加电池提高续驶里程从而带来碳排放的增多。

4）**用能领域**。为推进能源的低碳发展，需要加强能源需求侧的管理。一方面，推进风力发电、光伏发电等可再生能源的电价调节，引导新能源汽车使用可再生的电力，尤其是弃风弃电的消纳；另一方面，对汽车产品要从购买管理向使用管理转变，通过财税措施鼓励消费者购买能耗较低的汽车产品，并开征碳税增加高耗能汽车产品的能源使用成本。

3. 汽车制造呈现低碳化趋势

2060年前要实现碳中和，除了推动汽车产品的电动化转型外，还需要对制造汽车产品产生的碳足迹进行管理。一是工厂用电的低碳化，通过自建光伏、外购绿电等措施实现100%的零碳电力体系。二是工厂能效的提升和能源的综合利用，四大工艺的减碳技术应用，余热余能的应用等。三是供应链体系的低碳发展，不仅涉及材料行业，还要追溯到动力电池等关键零部件、空调制冷剂的碳排放，要尽快实现对高碳材料、高碳制冷剂的替代。四是汽车产品的再制造和动力电池的梯次利用。在低碳发展要求下，废旧零件、废弃的电池有望变废为宝，成为可再利用的零部件和二次材料。

4. 新能源汽车的技术临界正在加速

过去十多年，新能源汽车的推广应用实现了500万辆的规模，离不开政府政策的支持，但更重要的是技术的突破。一是电池技术的进步，使得从技术上的不可行变成了技术可行，如电池能量密度的突破使得电动汽车续驶里程从100多km提升到400多km，循环寿命也从1000次提高到2000次，从而使得纯电动汽车能满足消费者的正常出行需求。二是新材料带来的技术突破，实现了能源效率的提升和制造成本的大幅降低。三是新技术的应用解决了消费者使用新能源汽车的拦路虎问题,如大功率充电技术有助于解决消费者的里程焦虑和充电慢等痛点问题。未来全固态电池等技术的突破,新体系、新结构电池的量产,也将为新能源汽车的普及提供更多的技术选项。

5. 新能源汽车的经济临界体现在价值链的变化

未来汽车价值链的变化可能呈现三个阶段:第一个阶段是到 2025 年实现低碳的新能源汽车产品与高碳的燃油汽车产品平价,2025 年,主流纯电动车型将与燃油汽车持有成本持平,同时风力发电、光伏发电的度电成本与化石能源发电持平;第二个阶段是到 2030 年后低碳产品成本显著低于高碳产品,2035 年纯电动汽车比燃油汽车低 20%~30%,而风力发电、光伏发电的度电成本也有望比化石能源发电低 30% 左右,进入这个阶段后,新能源汽车将取得显著优势并占据汽车销量的主流;第三个阶段是产业链条的全价值链调整,目前汽车的高利润环节已向动力电池转移,未来智能化和电动化结合后汽车产品关键部件和研发服务两端价值更高,突出体现在研发、销售以及关键技术带来的高利润、高价值,以及数据、能源连接(如储能)后新增的高价值。

6. 典型应用场景和新商业模式使得新能源汽车的应用链达到市场临界点

新产品要得到消费者的认可,需要有合适的应用场景和持续的盈利模式。随着用户环保意识的增强、新能源汽车产品供给的增多,汽车企业可以通过打造差异化产品和客户群提高竞争力,譬如理想打造出满足家庭多场景出行需求的车型,或者如五菱宏光通过低成本产品的投放,使得不同的消费群体都愿意为新能源汽车买单。纯电动汽车的产品有其典型的应用场景,主要是城市上下班出行、家庭第二辆车、公交客车和出租汽车、网约车,在部分城市的不限行不限购措施下,纯电动汽车在城市内找到了合适的应用场景。在政府部门的管理、消费需求拉动、应用场景、商业模式等合力推动下,汽车企业有望通过产销新能源汽车实现盈利。譬如,对燃油汽车购买和使用的管制提升了燃油汽车的拥车成本,而双积分等政策的实施导致了新能源汽车成本的逐步降低和燃油汽车成本的增加，实现规模生产的新能源汽车头部企业已开始盈利。

7.3 新生态下的汽车产业治理

1. 碳中和要求下政府管理从行业管理向产业治理的转变

面向碳达峰碳中和，未来汽车行业的政府管理也可能经历三个阶段，最终实现从行业管理向产业治理的转变。

第一个阶段是"十四五"期间供给侧行业管理的延续和完善。目前对汽车实施的主要是投资控产能、对燃油汽车产品的车队油耗目标值和单车限值的管理，以及新能源汽车销量占比的双积分政策，在"十四五"甚至"十五五"都会延续，但将逐步搭建新能源汽车平均车队能耗和单车能耗的管理体系，也可能搭建从工厂碳排放延伸到关键零部件的碳排放管理框架。

第二个阶段是"十五五"可能在需求侧建立低碳产品和高碳产品差异化的激励政策。对新能源汽车等低碳产品的阶段性、短期性减税和补贴政策，将演变为低碳产品低税收、高碳产品高税收的长期税收制度，而汽车从购买管理向使用管理的转变也会导致低碳和高碳产品使用成本（如车用油品和车用电力税收）的变化，同时地方也有可能继续实施出行特权、停车费、通行费减免等差异化措施。

第三个阶段是行业管理向碳管理为主线的转变。汽车节能、环保管理可能逐步与碳排放管理挂钩，管理重点从规范和引导汽车产品扩展到车用能源的管理，从关注产品本身向社会影响的转变，从而可能在2030年后逐步建立服务大汽车行业的碳管理体系。

2. 完善低碳产业治理体系

碳中和要求下汽车产业将构建新的生态，对现有的汽车企业来说都是一场革命，在产业变革下有的企业会在新生态下消亡，也有新的企业在新生态下诞生、成长。我国汽车产业面临的激烈竞争也将从目前的产品为主向生态圈、产业链等转变，为推动汽车企业适应低碳发展的产业新生态，建议从以下四个方面来推动产业的可持续发展：

一是将低碳发展作为产业发展主线引导企业战略转型。虽然汽车企业高度关注节能减排工作，但尚未成为企业发展的内生驱动力。尽早出台《汽车产业绿色低碳发展路线图》，明确未来汽车产业低碳发展的目标和主要路径，引导企业在新能源汽车、清洁能源、绿色材料等方面持续推进，最终实现产品生命周期的零碳排放。在推进过程中，明确主要政策措施，同时确定碳达峰前、碳达峰后的阶段性措施的着力点，从而使得企业将碳战略、碳管理纳入企业发展重要的决策因素，确定企业的低碳发展新战略。

二是建立技术中性的低碳产品评价体系。探讨建立统一的碳排放评价标准，建立汽车技术路线评价体系。政府坚持技术中性，不指定特定的技术路线，而是支持一切可以达到低碳发展目标的产品和技术的发展。

三是财税激励推广低碳新产品新技术。利用前期支持新能源汽车发展的良好基础，在继续实施双积分政策的同时，也应通过财税政策为低碳的汽车产品和技术提供激励。譬如，借鉴美国加州的低碳燃料积分政策实施车用燃料积分政策，从而在能源行业、交通运输行业等搭建清洁能源发展的内生机制。对汽车产品探索建立基于碳排放量的汽车税制，对高碳汽车、低碳汽车实施差别化税率征收，从而更好地推进低排放汽车产品的普及。加大科技研发支持力度，积极开展低碳、零碳、负碳和储能的新材料、新技术、新能源、新装备攻关。

四是搭建产业融合共生机制构建零碳新生态。汽车产品的全生命周期包括能源周期和材料周期，应从汽车制造、销售、后市场等向车辆的上游材料行业、汽车使用的能源上游环节不断延伸，产业间进行合理分工、加强工作协同，系统推进汽车产品全生命周期碳排放的降低。同时，产业发展、融合中也会产生新数据、新模式、新业态，应通过多种途径推进共同发展，构建共生共赢的新生态。

7.4 小结

汽车产业最终要实现碳中和，必将构建新的零碳生态。新的生态下，汽车与交通、能源、材料深度融合，相互影响，产业技术、能源体系、盈利模式将重构，汽车产业的管理也将向低碳下的产业治理而转变。

第8章
零碳经验：碳中和与汽车国际政策

规划、路径、政策相互借鉴，才能采取共同行动。

为加快交通领域脱碳进程，推广以纯电动汽车为主的零排放汽车成为美国、英国等国的共同选择。为此，这些国家提出的愿景目标，主要是电动汽车新车渗透率或车辆保有量目标，或者提出下一代汽车战略。2017年以来，为服务于国家碳中和目标，有些国家和地区甚至提出燃油汽车退出时间表，或者是100%的零排放汽车销售目标。为实现这些目标，各国出台了针对新能源汽车的补贴、税收减免政策，汽车税收的计算依据与二氧化碳排放量挂钩，同时欧盟也在计划对动力电池碳排放进行管理。

8.1 愿景目标

1. 全球主要汽车市场

据国际汽车制造商协会（Organisation Internationale des Constructeurs d'Automobiles，OICA）统计，2021年，全球共销售汽车超过8268万辆。前十大汽车销售国占比为75.77%，其他国家和地区的汽车销量合计2003万辆，占比为24.23%。前十大汽车销售国分别为中国（2627.5万辆）、美国（1540.9万辆）、日本（444.8万辆）、印度（375.9万辆）、德国（297.3万辆）、法国（214.2万辆）、巴西（212.0万辆）、英国（204.4万辆）、俄罗斯（174.2万辆）、韩国（173.5万辆），具体如图8-1所示。前十大汽车销售国也多是汽车生产大国,因此,这些国家的低碳交通相关政策对全球汽车市场和汽车产业的影响较大,其政策动向值得我们重点关注。

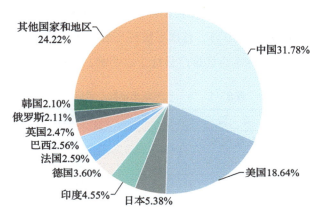

图 8-1　2021 年全球十大汽车销售国占比

2. 交通脱碳战略

1) 美国。为减少对国外石油资源的依赖,美国一直积极支持新一代汽车的研发和普及,从 1993 年克林顿时代的新一代汽车合作伙伴计划(Partnership for a New Generation of Vehicles,PNGV)、2002 年布什时代的"自由汽车动议"项目,一直到 2009 年奥巴马时代的下一代插电式电动汽车。2021 年 8 月,拜登总统在白宫签署关于"加强美国在清洁汽车领域领导地位"的行政命令,设定 2030 年乘用车及轻型货车新车销量中 50% 为电动汽车的目标。

2) 德国。德国很早就将电动汽车作为交通脱碳计划的一部分。早在 2005 年,德国《国家气候保护报告》就提出到 2012 年和 2020 年减少温室气体排放的具体目标,强调进一步开发汽车相关技术和推广住宅能源节约计划;2009 年德国政府制定了《国家电动汽车发展计划》,目标是到 2020 年使德国电动汽车保有量达到 100 万辆;为降低二氧化碳排放,德国联邦环境保护部 2010 年确定的长期能源方针中还明确了电动汽车 2020 年保有量达到 100 万辆的目标。2021 年 8 月,德国联邦交通、经济和环境部部长宣布,到 2021 年 7 月德国联邦政府已经实现了国内 100 万辆电动汽车上路行驶的目标。在德国国内上路行驶的电动汽车中，超过半数为纯电车型，其他则是插电式混合动力及燃料电池车型。德国可能设定新目标到 2030 年德国电动汽车保有量达到 1400 万辆。

3）日本。2010 年 4 月，由日本经济产业省牵头的"下一代汽车战略研究会"发布《下一代汽车战略（2010）》，首次系统提出发展下一代汽车的战略规划，并对 2020 年、2030 年各类汽车市场推广目标予以明确，具体见表 8-1 所列。

表 8-1 下一代汽车市场推广目标

车型		2020 年	2030 年
传统汽车		50%～80%	30%～50%
下一代汽车		20%～50%	50%～70%
下一代汽车	普通混合动力汽车	20%～30%	30%～40%
	纯电动汽车和插电式混合动力汽车	15%～20%	20%～30%
	燃料电池汽车	约 1%	约 3%
	清洁柴油汽车	约 5%	5%～10%

注：数据来源于日本下一代汽车战略研究会《下一代汽车战略（2010）》。

2018 年 3 月，为应对汽车产业互联、自动驾驶、共享、电动（CASE，Connectivity、Autonomy、Sharing 和 Electrification，即联网化、自动化、信息共享化、电动化）变革，保持日本汽车产业竞争力，引领世界创新并贡献日本治理环境和交通拥堵问题的经验，日本经济产业省组织成立"汽车新时代战略委员会"，提出了"面向 2050 年的 xEV 战略"，不再强调包括清洁柴油汽车等的"下一代汽车"，而是提出"xEV"概念，包括纯电动汽车、插电式混合动力汽车、普通混合动力汽车、燃料电池汽车等 4 类电动汽车，强化了对"电动化"的支持，并提出到 2050 年，日本汽车在全球市场争取实现温室气体减排 80%，其中乘用车减排 90% 左右，xEV 减排 100%（与 2010 年相比），力争实现"油井到车轮零排放"。

2020 年 12 月，日本经济产业省发布《绿色增长战略》，提出到 2050 年实现碳中和目标，构建"零碳社会"。2021 年日本经济产业省宣布将《绿色增长战略》更新为《2050 年碳中和绿色增长战略》。为落实上述目标，该战略针对 14 个产业提出了具体的发展目标和重点发展任务，主要包括海上风电、氨燃料、氢能、核能、汽车和蓄电池、半导体和通信、船舶、交通物流和建筑、食品农林和水产、航空、碳循环、下一代住宅及商业建筑和太阳能、资源循环、生活方式等。日本将在未来10年大力推进电动汽车和蓄电池发展，相关技术领域居于世界领先地位并形成成熟的产业，乘用车最迟于21世纪30年代中期实现新车销售100%为电动汽车，同时增强蓄电池产业的全球竞争力，主要包括加速电动汽车普及车用燃料碳中和、建立蓄电池产业，为此还将采取制定目标、法律制度、标准、税收、预算、金融、公共采购等措施来推动。

3. 燃油汽车退出时间表

2017年起，为加快交通领域脱碳进程、推动能源转型，推动汽车全面电动化，一些国家提出燃油汽车退出时间表。目前，全球共有逾19个国家和地区从不同层面提出过燃油汽车退出计划。

提出燃油汽车退出计划的以欧洲国家为主。据初步统计，欧洲有10个国家提出燃油汽车退出计划，包括挪威、丹麦、冰岛、瑞典、爱尔兰、荷兰、英国、西班牙、法国和德国。在美洲，仅加拿大从国家层面提出过燃油汽车退出计划。亚洲国家中，日本、以色列及新加坡三国将燃油汽车退出纳入其国家气候战略规划。提出燃油汽车退出时间表的国家和地区见表8-2。

表8-2 部分国家和地区燃油汽车退出时间表

大洲	国家或地区	禁售时间	禁售范围	计划来源	2021年汽车销量/万辆	2021年新能源汽车销量占比
欧洲	挪威	2025年	实现乘用车和轻型货车新车100%零排放	挪威国家交通2018—2029年计划	21.8	72.42%
欧洲	丹麦	2030年	禁售汽油和柴油汽车（2035年禁售PHEV）	气候与空气计划之携手共筑绿色未来	22.2	30.24%
欧洲	冰岛	2030年	禁售汽、柴油乘用车	冰岛2018—2030气候行动计划	—	—
欧洲	瑞典	2030年	禁售汽、柴油乘用车	气候政策行动计划	34.4	40.11%

（续）

大洲	国家或地区	禁售时间	禁售范围	计划来源	2021年汽车销量/万辆	2021年新能源汽车销量占比
欧洲	爱尔兰	2030年	禁售非零排放乘用车	2021年气候行动计划	13.6	12.70%
	荷兰	2030年	实现乘用车新车销售100%为电动汽车（2025年公交车新车销售100%为电动汽车）	荷兰国家气候协定	40.5	24.36%
	英国	2030年	禁售汽、柴油乘用车和货车（2035年禁售混合动力汽车）	绿色工业革命10项计划	204.4	15.93%
	西班牙	2040年	乘用车及轻型商用车新车零排放	气候变化及能源转型法案	103.4	6.79%
	法国	2040年	禁售使用化石燃料的乘用车和轻型商用车	出行指导法	214.2	15.12%
	德国	2050年	乘用车销售100%零排放	IZEVA承诺，尚未反映在国家气候计划中	297.3	23.23%
亚洲	以色列	2030年	私家车销售100%为电动汽车	2030年的能源经济目标	30.6	6.22%
	新加坡	2030年	乘用车和出租车新车全部为清洁能源车型（含电动、混动及燃料电池汽车）	新加坡绿色计划2030	—	—
	日本	2035年	实现乘用车新车销售100%为电动汽车（含HEV）	日本2050年碳中和绿色增长战略	444.8	1.02%
	中国海南	2030年	全域禁止销售燃油汽车	海南省清洁能源汽车发展规划	—	—
	中国香港	2035年	禁止新注册燃油私家车（禁止范围含插电式及非插电式混合动力汽车）	香港电动车普及化路线图	—	—

（续）

大洲	国家或地区	禁售时间	禁售范围	计划来源	2021年汽车销量/万辆	2021年新能源汽车销量占比
美洲	加拿大	2040年	新销售轻型车辆100%零排放	加拿大减排行动	170.5	3.93%
美洲	美国加州	2035年	实现乘用车和货车新车销售100%零排放	加州政府行政指令	201.6	12.41%
美洲	加拿大魁北克省	2035年	禁售汽油动力的轻型车辆	增加魁北克零排放机动车数量以减少温室气体和其他污染物排放的立法	—	—
美洲	加拿大不列颠哥伦比亚省	2040年	轻型车辆销售100%为电动汽车	不列颠哥伦比亚省零排放车辆法案	—	—

注：1. 零排放汽车一般指行驶阶段没有污染物和碳排放的汽车，包括纯电动汽车、燃料电池汽车。
2. 数据来源于OICA、EV Volumes、政府文件及公开资料。

各国燃油汽车退出时间点从2025年到2050年不等。挪威时间点最早，计划于2025年实现乘用车和轻型货车新车100%零排放。丹麦、冰岛、瑞典、爱尔兰、荷兰、英国、以色列、新加坡等均提出2030年开始禁售燃油汽车。日本计划从2035年开始禁售燃油汽车，而西班牙、法国的目标时间点则为2040年。德国作为国际零排放汽车联盟成员，表明其同意该联盟所提出的2050年实现乘用车新车100%零排放的目标，但德国尚未在本国规划中正式提出该目标。

各国提出的燃油汽车定义及车型存在着差异。一是不同国家对于禁售车型的动力类型定义所有不同。丹麦、英国和日本在禁售计划中对于车辆动力类型做了详细规定，其中日本明确表示插电式混合动力汽车及普通混合动力汽车不在禁售范畴，而丹麦和英国则将PHEV也纳入了禁售范畴，并给予5年的禁售宽限期。其余国家中，挪威、爱尔兰、荷兰、西班牙、加拿大更强调车辆的零排放，而冰岛、以色列、新加坡等国则未明确表示PHEV及HEV是否属于禁售范畴。法国规定禁售使用化石燃料的乘用车和轻型商用车,则燃烧传统化石燃料的汽、柴油汽车属于禁销范围,但如果内燃机使用的不是化石燃料(如合成燃料),则应不属于禁售之列。二是绝大部分国家将乘用车或轻型车率先纳入全面电动化范围。乘用车、轻型车等私人用车领域是各国推广全面电动化的优先领域。

提出燃油汽车退出的国家也有其客观的经济社会基础。客观基础简而言之是"三高"——消费者高涨的环保意识、较高的可再生能源发电比例、较高的经济发展水平。一是国民环保意识高涨是欧洲国家出台燃油汽车退出计划的重要基础。欧洲是全球绿色发展的领先者,也是环境友好型政策的主要发源地。部分欧洲国家的公民环保意识较强,公民环保诉求甚至高于经济发展诉求,支持政府禁售燃油汽车。二是电力清洁化程度高将更加凸显电动汽车减排潜力。据世界银行数据统计,挪威电力结构的可再生能源比例高达98%。三是汽车市场规模小、经济发展水平高的国家更容易实现全面电动化目标。挪威、丹麦、瑞典、冰岛等发达国家汽车年销售规模在10万~35万辆之间,且经济发展水平高,为其较早实现全面电动化提供了较好的支撑。

需要说明的是,以上国家提出的燃油汽车禁售时间表,多是愿景和目标,大部分尚未成为行政法规。因此,到达燃油汽车计划退出的年份后,是否真的禁止燃油汽车销售还有待观察。

8.2 产品管理

1. 乘用车二氧化碳/油耗法规

为提升乘用车和轻型货车燃料经济性水平,美国于20世纪70年代制定了《能源政策与保护法》,建立了轻型汽车企业平均燃料经济性(Corporate Average Fuel Economy,CAFE)管理制度。通过以车型销量作为加权因子进行油耗的加权平均,得出车企的油耗水平,单位为mile/USgal,并对该指标进行要求。如果制造商每年所生产车辆的平均燃油经济性低于规定的标准,制造商必须支付罚款,罚款总金额为低于标准的部分每0.1mile/USgal5.50美元乘以制造商在美国国内市场的总产量。此外,对每加仑燃油行驶里程不足22.5mile(约为高于

10.5L/100km）的部分乘用车还征收高油耗税。

轻型汽车企业平均燃料经济性管理流程见表 8-3。轻型汽车企业平均燃料经济性管理具体由美国环境保护署（U.S. Environmental Protection Agency，EPA）和国家公路交通安全管理局（National Highway Traffic Safety Administration，NHTSA）具体实施，分工为：①环境保护署制订汽车燃油经济性测试方法、接受和审核制造商的测试结果、发布测试结果并实施燃油经济性标识要求；②隶属于美国运输部的国家公路交通安全管理局制订并依据 EPA 测试结果实施公司平均燃料经济性法规；③美国能源部（Department of Energy，DOE）依据 EPA 测试结果发布年度汽车各车型《燃油经济性指南》。

表 8-3　美国 CAFE 管理流程

	EPA	NHTSA	厂家
每车型年度开始前（12 月份）			向 NHTSA 提交年度预报告
每车型年度中期（7 月份）			向 NHTSA 提交年度中期报告
每车型年度结束后 90 天内（3 月底前）			向 EPA 提交燃料经济性年度报告
厂家提交年度报告后（一般为 4 月至 10 月）	核准厂家提交的燃料经济性数值，根据厂家提供的产量数据计算 CAFE，并将结果通知 NHTSA 和厂家		
收到 EPA 计算的 CAFE 数值后		根据 EPA 的 CAFE 计算结果，以及各厂家的前期的信用，核算每个厂家最终的 CAFE 达标情况，并向未达标的厂家发出书面通知	
NHTSA 发出书面通知的 60 天内			厂家提出获取额外信用的途径和计划报 NHTSA 审批，或按要求支付罚金

2009 年，欧盟出台了乘用车企业二氧化碳排放法规，由初期企业自愿承诺减排转变为强制性法规。欧盟议会和理事会（EC）No 443/2009 条例以各汽车制造企业为责任主体，将汽车产品使用阶段每千米的碳排放量作为核心指标，制定不同时期的碳排放要求。自 2020 年起，欧盟乘用车新车平均碳排放目标设定为 95gCO_2/km，2025 年和 2030 年分别比 2021 年减少 15% 和 37.5%，碳排放每超出目标值 1gCO_2/km，企业需为每辆车支付 95 欧元的罚款，即在欧销量越大、超过目标值越多，需支付的罚款越高。此外，欧盟还对零排放和低排放乘用车（碳排放量低于 50gCO_2/km）采取激励制度。在计算车企整体平均碳排放水平时，每销售 1 辆零排放和低排放乘用车在 2020 年、2021 年、2022 年分别按照 2 辆、1.67 辆、1.33 辆核算。2025 年起，若车企在该年注册的零排放和低排放乘用车占比超过 15%，则占比每超过 1%，碳排放限值可放宽 1%（放宽上限为 5%）。2030 年起，该占比门槛由 15% 升至 35%。2021 年 7 月 14 日，欧盟委员会提出了应对气候变化的一揽子实施计划（Fit for 55）提案，提出重新修订（EC）No 443/2009 条例。修订提案提出，与 2021 年相比，欧盟新注册乘用车碳排放总量需在 2030 年和 2035 年分别减少 55%（原标准为 37.5%）和 100%，新注册轻型商用车碳排放总量需分别减少 50%（原标准为 31%）和 100%，即欧盟境内新注册的乘用车及轻型商用车需在 2035 年实现零排放。欧洲议会及欧盟理事会将对提案进一步审议，并提出修改意见，待各方意见达成一致后，该计划的各项措施才能正式生效。

欧盟碳减排总体目标为"2030 年欧盟温室气体净排放量较 1990 年至少减少 55%，2050 年实现碳中和"。交通领域碳排放量约占欧盟碳排放总量的四分之一，是欧盟实施碳减排的重点领域之一。为此，欧盟也提出了"2050 年交通领域碳排放减少 90%"的目标。在交通领域碳排放中，乘用车及轻型商用车碳排放量共占欧盟碳排放总量的 15% 左右，是交通领域碳减排的主要领域。考虑到乘用车及轻型商用车平均 10~15 年的报废更新周期，欧盟计划设定 2035 年新注册乘用车及轻型商用车零排放的目标，以帮助欧盟实现 2050 年全社会碳中和、交通领域碳排放减少 90% 的总体目标。为此，2021 年 7 月，欧盟委员会提出了 2035 年欧盟新注册乘用车及轻型商用车实现零排放的提案，到 2035 年，乘用车新车销售的只能是纯电动和燃料电池汽车。同时，欧盟计划于2026年对减排进展进行评估，并考虑合成燃料、插电式混合动力技术等是否能达到法规目标要求。

2. 基于二氧化碳排放的汽车税收

国际上，汽车税收正在向基于单车二氧化碳排放量（相当于百千米油耗）征收转变。欧盟27国中，共23国在汽车保有环节征税，其中14国保有环节税收基于碳排放量征收。

欧盟国家的汽车以前主要基于气缸容量、动力、尾气排放标准、车龄等参数征收，目前大多数国家都在转向基于单车二氧化碳排放量征收。税率设计主要有三种模式：一是按照每千米的二氧化碳排放量设置差别化的从量定额税率。如德国对2009年7月1日起注册的轿车，按照二氧化碳排放量征收年度流通税，年度流通税由基本税和二氧化碳税构成。基本税税率分别为每100cc（汽油）2欧元和每100cc（柴油）9.50欧元。二氧化碳税为排放超出95gCO_2/km 时每g/km征收2欧元，呈线性增长。二氧化碳排放量低于95gCO_2/km 的轿车免征二氧化碳税。二是根据每千米的二氧化碳排放量水平直接设定差别化的税率。如芬兰汽车注册税按二氧化碳排放量征收，税率从3.8%~50%不等。爱尔兰的汽车注册税按照二氧化碳排放量征收，税率从14%（适用于二氧化碳排放量小于80gCO_2/km 的轿车）到36%（适用于二氧化碳排放量等于或超出226gCO_2/km 的轿车）不等。三是根据二氧化碳排放量设定奖惩税制，低于一定额度的免征甚至奖励，高于一定额度的加税。如法国对于二氧化碳排放量在21~60gCO_2/km 之间的车辆（轿车或轻型商用车），最高可奖励1000欧元；对于二氧化碳排放量等于或小于20gCO_2/km 的车辆（轿车或轻型商用车），最高可奖励6300欧元；而对二氧化碳排放量大于190gCO_2/km 的车辆设置最高税额，甚至达到10000欧元。

需要说明的是，随着汽车节能技术的进步，各国对单车碳排放量的要求与时俱进不断提高。此外，汽车税制中对低碳排放量的车辆采取了抵税甚至免税的制度，由于单车碳排放量是根据汽车行驶阶段燃烧汽、柴油产生的碳排放决定的，而纯电动汽车等零排放汽车行驶阶段的碳排放量为 0，因此在该税制中也能享受减免政策。

3. 针对零排放车辆的财税激励政策

1）**补贴政策**。2016 年 4 月，德国政府首次发布购置补贴政策（又称"环境奖金"）。纯电动汽车和燃料电池汽车单车补贴额为 4000 欧元，插电式混合动力汽车单车补贴额为 3000 欧元，其中联邦政府承担一半的费用（即每辆车 2000 欧元或 1500 欧元）；汽车产业界（即申请车辆对应的汽车制造商）承担另一半费用。可以获得补贴的产品，应纳入符合要求的电动汽车目录，具体包括乘用车、3.5t 及以下载货车辆、持 B 驾照可驾驶的 12t 及以下载货车辆。其中，PHEV 每千米的碳排放量不得超过 50g。对于其他驱动方式的车辆，若其运行过程中不排放二氧化碳，则享受 BEV 补贴待遇；若其运行时每千米的碳排放量不超过 50g，则享受 PHEV 补贴待遇。德国补贴政策还对车辆价格进行了限制，车价超过 6 万欧元被视为奢侈消费，不得享受补贴。2020 年 6 月，为应对疫情影响，德国发布一揽子经济振兴政策，其中将购置补贴中政府承担的金额翻倍，车价 4 万欧元以下的纯电动乘用车，补贴金额最高可达 9000 欧元。此外，为帮助本国传统汽车制造商巨头顺利完成电动化转型，2020 年 6 月以来，德国多次召开"政企协商会"，共同分析产业面临的困难和挑战。德国计划拨款 10 亿欧元将应对疫情冲击的临时性高额购置补贴延长到 2025 年；同时，将提供 10 亿欧元用于针对老旧货车的旧车报废计划，车主更换纯电动或燃料电池货车时，可享受更高补贴金额；此外，德国还将拨款 10 亿欧元用于成立"汽车行业未来基金"，为德国汽车行业的转型提供资金。

英国对低碳排放、长续驶里程的新能源汽车提供购置补贴。2011 年 1 月 1 日起，英国政府对电动乘用车（包括 BEV、PHEV 和 FCEV）提供购置补贴，并定期对补贴情况进行审查评估，截至目前，已分别在 2015 年、2016 年、2018 年三次调整购置补贴政策。2016 年 3 月 1 日到 2018 年 10 月 20 日，英国政府根据碳排放量和纯电续驶里程将乘用车划分为三类，1 类车单车补贴额为车价的 35%，最高不超过 4500 英镑（约合 4.2 万元人民币）；2 类车和 3 类车单车补贴额为车价的25%，最高不超过2500英镑（约合2.3万元人民币），车价超过6万英镑（约合56万元人民币）的2类和3类车型不得拿补贴。2018年10月21日后，1类车的补贴上限下降到3500英镑（约合3.3万元人民币），2类车和3类车不再享受补贴。此外，英国政府自2012年1月17日起开始对电动厢式货车提供补贴，起初补贴产品仅包括N1类车辆，后扩展至N2、N3类，单车补贴额为车价的20%，最高8000英镑（约合7.5万元人民币）。

2）**税收优惠**。美国联邦层面尚无针对新能源汽车的补贴政策，但对车主实施所得税免税政策。自2010年1月1日起，美国联邦政府对购置纯电动及插电式混合动力轻型车的纳税人实施所得税抵免政策，见表8-4所列。在2017年美国税收改革中，多项抵免政策皆被废除，但电动汽车购置抵免政策仍被保留。一是根据电池容量确定优惠额度。该政策为电池容量不低于4kW·h的BEV和PHEV设定了2500美元的税收抵免基础额度，高出4kW·h的部分按417美元/kW·h的标准增加税收抵免额度，上限为7500美元。二是设置以汽车制造商累计销量为指标的退坡机制。所得税抵免政策无明确截止时间，为避免汽车制造商对政府补贴的依赖，美国政府为该项优惠政策设立了退坡机制，要求汽车制造商在累计销售达到20万辆后的第二个季度起，其产品的抵税优惠在一年内完成退坡，退坡结束后该汽车制造商车辆不再享受抵免优惠。特斯拉和通用汽车均已达到20万辆退坡线，分别于2019年1月1日、4月1日开始退坡；目前，特斯拉和通用汽车均已在一年内完成退坡，其车型均不再享受抵免优惠。

表8-4 美国联邦购置电动汽车所得税抵免政策

车辆类型	关键技术指标	补贴标准	退坡规则（《通胀削减法案》取消退坡）
BEV、PHEV	电池容量≥4kW·h；质量≤14000lb	基础额度：2500美元；增加额度（高出4kW·h的部分）：417美元/kW·h；抵扣上限：7500美元	一、二季度抵免额为50%，三、四季度为25%，退坡结束后该汽车制造商车辆不再享受抵免优惠

注：1. 资料来源于美国联邦税务总局（IRS）。
　　2. 14000lb = 6350.29kg

2022年8月16日,美国总统拜登正式签字通过了《通胀削减法案》(以下简称"法案")。该法案是美国为对抗通胀提出的一揽子立法,其中包括延续7500美元的电动汽车个税抵免补贴,并取消对车企的20万辆车退坡限制,但须满足极为严苛的关键原材料来源地和北美本地化条件,即关键矿产资源⊖来自美国以及与美国存在有效自由贸易协定的国家⊖,一定价值比例的电池零部件需要在北美制造或组装。除了以上针对新车补贴的条款之外,法案还提出了针对二手车的补贴政策。美国个人年收入不超过7.5万美元,或户主年收入不超过11.25万美元,或夫妻联合收入不超过15万美元的消费者购买售价不超过2.5万美元且已使用两年以上的二手电动汽车也可获得车辆销售价格30%的个税抵免补贴(上限为4000美元)。法案对二手车的个税抵免并未设置关键原材料来源地和北美本地化要求。

4. 电池碳足迹管理

2019年12月,欧盟发布《欧洲绿色协议》,提出了欧盟2050年碳中和的总体目标及各领域实施措施。在电池领域,《欧洲绿色协议》提出建立安全、可循环和可持续的电池价值链。在《欧洲绿色协议》的大框架下,2020年12月10日,欧盟委员会提出了《欧盟电池与废电池法规》提案,提出对于投放到欧盟市场的电池实施全生命周期监管。欧盟电池碳足迹管理要求见表8-5所列。《欧盟电池与废电池法规》对电池的碳足迹管理比较严格,实施后将对动力电池等产业产生较大的影响。

⊖ 关键矿产资源:铝、锑、重晶石、铍、铈、铯、铬、钴、镝、铕、萤石、钆、锗、石墨、铟、锂、锰、钕、镍、铌、碲、锡、钨、钒、钇。

⊖ 与美国存在有效自由贸易协定的国家:澳大利亚、巴林、加拿大、智利、哥伦比亚、哥斯达黎加、多米尼加共和国、萨尔瓦多、危地马拉、洪都拉斯、以色列、约旦、韩国、墨西哥、摩洛哥、尼加拉瓜、阿曼、巴拿马、秘鲁、新加坡、加拿大、墨西哥。

表8-5 欧盟电池碳足迹管理要求

时间	碳足迹	再生原材料含量	性能及耐用性要求	电池回收率（便携式电池，不包括轻型运输工具上的废电池）
法规生效后一年			产品技术文件需包含性能及耐用性参数	
2023.7.1	欧盟委员会需确定碳足迹计算方法			
2023.12.31				45%
2024.7.1	产品需具备碳足迹声明			
2024.12.31	欧盟委员会需完成电池碳足迹性能分级并规定标签格式		欧盟委员会需完成性能及耐用性最低限值设定	
2025.12.31		欧盟委员会需确定再生钴、铅、锂、镍含量的计算和确认方法		65%
2026.1.1	产品需具备碳排放强度性能等级标签		产品需满足性能及耐用性最低限值要求	
2026.7.1	欧盟委员会需完成生命周期碳足迹最大阈值设定			
2027.1.1		产品技术文件中需包含再生钴、铅、锂、镍含量信息		

（续）

时间	碳足迹	再生原材料含量	性能及耐用性要求	电池回收率（便携式电池，不包括轻型运输工具上的废电池）
2027.7.1	产品需满足最大碳足迹限值要求			
2030.1.1		再生原材料最低比例：钴12%、铅85%、锂4%、镍4%		
2030.12.31				70%
2035.1.1		再生原材料最低比例：钴20%、铅85%、锂10%、镍12%		

（1）实施电池全生命周期监管，电池产品面临更高合规标准

与原有关于电池和蓄电池以及废电池和蓄电池的2006/66/EC指令不同，《欧盟电池与废电池法规》提案不只局限于电池的报废阶段，还将电池生产及使用阶段也涵盖在法规管控范围内。法规提案将纳入监管范围的电池分为四类，分别为电动汽车动力电池、汽车电池、便携式电池及工业电池，强调了电动汽车动力电池将单独作为一类监管对象。法规提案对于再生原材料含量、电池回收率等指标提出了分阶段的具体目标值，同时明确要求对电池碳足迹、性能和耐用性实施监管并提出分阶段实施路径。例如对于可充电工业电池及电动汽车动力电池，自2024年7月1日起需具备碳足迹声明，自2026年1月1日起需具备碳排放强度性能等级标签，自2027年7月1日起需满足最大碳足迹限值要求。法规对于所有进入欧盟市场的电池进行监管，欧盟电池制造商或进口商需确保电池合规性，未满足法规相关要求的电池将被禁止进入欧盟市场。

（2）实施电池生产者责任延伸制度，电池企业需进行供应链尽职调查及电池报废阶段管理

与我国汽车生产企业承担动力电池回收的主体责任不同，欧洲规定电池企业为动力电池回收的责任主体。在供应链管理环节，对于工业电池及电动汽车动力电池，包括电池制造商、进口商、分销商在内的市场主体有义务制定供应链尽职调查政策，基于经济合作与发展组织（Organization for Economic Co-operation and Development，OECD）发布的供应链尽职调查指南，对供应商的社会及环境等风险进行评估，实施更严格的供应商管理，以降低原材料采购相关风险。在电池报废管理环节，法规提案要求电池企业筹集资金并组织废旧电池的回收及处理工作，并向欧盟提供在欧销售和回收电池情况及报废电池信息。

（3）要求电池企业提供电池信息报告并获得欧盟指定机构认证

法规提案要求电池企业提供电池碳足迹等指标核算报告，并由欧盟制定机构进行第三方认证。所有企业在与欧盟进行贸易前，均需研究相关法规，针对法规实施电池全生命周期管理并编制相关报告，同时还需取得欧盟指定机构认证。

8.3 碳税、碳市场与积分

1. 针对能源使用的碳税

目前，全球有超过35个国家实施了碳税，覆盖全球范围内29.9亿t当量的二氧化碳排放，占全球5.5%的温室气体排放量。开征碳税的方式主要是新增独立税种（简称独立型碳税）和融入原有税种添加以碳税为目的的税率（简称融入型碳税）来征收两种模式。独立型碳税是指新增专门出台以控制温室气体为目的的单独税种，融入型碳税主要是将碳税作为环境和资源税、能源税或者是消费税的组成部分征收。因此，对碳税的比较研究针对以减少温室气体排放

为目的、基于二氧化碳当量排放设计税率的诸多课税来进行的,而不是只研究以碳税开征的新增独立税种。

碳税最初于 20 世纪 90 年代在芬兰、瑞典等北欧国家开征,随着各国更加重视气候变化问题,日本、英国也开始征收碳税以减少温室气体排放。目前,开征碳税的国家以发达国家为主,主要是因为发达国家相对于发展中国家更关注气候变化问题,欧洲的荷兰等国受气候变化影响更大,同时发达国家也有一定的经济实力来推进温室气体减排工作。发展中国家中,南非、智利、哥伦比亚等国开始征收碳税,但还是在碳税刚引入的早期阶段。各国的碳税政策有一定的共性,但也存在较大的不同,开征方式、征税范围、税收优惠等都有一定差异,税率也从 1 美元到 100 多美元不等,同时各国的碳税也在不断地改革中,因此,有必要针对具有代表性的一些国家进行比较研究。在此本节选取了芬兰、瑞典、丹麦、英国、日本、南非 6 个国家来研究,主要出于以下四个原因:①这些国家既有发达国家,也有发展中国家。碳税起源于欧洲的发达国家,主要是欧洲国家控制气候变化有较强的群众基础,同时也是欧洲国家政府关注的重点工作,我国与欧洲政治、经济来往比较活跃,将来在气候变化领域受欧洲国家的影响较大,因此挑选的国家以欧洲发达国家为主,南非作为发展中国家,2019 年 6 月开展了碳税征收,也是首个开征碳税的非洲国家,为此,将南非作为发展中国家的代表纳入比较;②这些国家既有多年碳税实施经验的国家,也有刚实施的国家。芬兰、瑞典等国实施了三十多年,实践经验更加丰富,南非 2019 年 6 月才开征,处于开征初期阶段的南非也能给我国提供很好的借鉴;③选取了与我国同处东亚、能源征税相似的日本。日本和我国一样属于东亚国家,针对能源的课税和我国有一定的相似性;④我国是碳排放大国,在开征碳税的国家中尽量选择碳排放量较大的国家。如日本和英国都是二氧化碳排放大国。按税制要素,对芬兰、瑞典、丹麦、英国、日本、南非的碳税比较见表 8-6。

表 8-6 芬兰、瑞典、丹麦、英国、日本、南非的碳税比较

项目	芬兰	瑞典	丹麦	英国	日本	南非
目的	控制工业、交通运输和建筑业的碳排放,促进可再生能源使用	控制运输和建筑部门的碳排放	控制建筑和运输行业的温室气体排放	控制气候变化,鼓励低碳发电	减少温室气体排放	减少温室气体排放
税种	开征时独立税种,后作为能源税(具体为燃料税)的一部分征收	作为能源税的一部分	独立碳税	气候变化税	应对气候变化税	碳税
征收对象	除泥炭以外的所有化石燃料	未被欧盟碳市场覆盖的所有化石燃料(生物汽车燃料除外)	覆盖汽油、天然气、生物燃料的化石燃料:煤、柴油、电力、重质燃料油、轻燃气等能源	天然气、液体石油天然气、其他气态碳氢化合物、煤炭和其他化石燃料	覆盖所有化石燃料:原油、石油制品、液化石油气、天然气、煤炭	覆盖所有化石燃料产生的二氧化碳、甲烷、氢氟碳化物等其他温室气体
征收范围	所有能源行业企业:覆盖工业、交通运输、建筑业等	能源企业和家庭	家庭、非增值税纳税企业	工商业和公共部门电力生产厂商和能源供应商	企业和家庭	能源、工业和运输部门
计税依据	燃料全生命周期碳排放①	不同燃料的平均含碳量和发热量	燃料燃烧时产生的二氧化碳量	不同能源的热值(如天然气1.54790英镑/1GJ)	燃料使用时的碳排放	
税率②	从量征收:72.83 美元/tCO₂e(交通运输)62.25 美元/tCO₂e(其他化石燃料)	从量征收:137.24 美元/tCO₂e	化石燃料:28.14 美元/tCO₂e 含氟气体:23.65 美元/tCO₂e	24.80 美元/tCO₂e	从量征收:2.61 美元/tCO₂e③	从量征收:9.15 美元/tCO₂e

135

（续）

项目		芬兰	瑞典	丹麦	英国	日本	南非
征收环节		化石燃料的经销商和进口商按月缴税	经销商和进口商按月缴纳	化石燃料的经销商、进口商	化石燃料的消费端征收	所有化石燃料的供应商征税，两月一次	
税收减免		欧盟碳排放交易体系覆盖的运营商需要缴纳；不适用于电力生产、商业航空和商业游艇的燃料使用	欧盟碳排放交易体系涵盖的运营商免征；燃料出口、火车航运航空交通运输、电力生产、林业和农业（部分）可免征	欧盟碳排放交易体系涵盖免征；制造业在加工用电力用享受税收优惠；重工业和轻工业的燃料实行税收减免；与能源署签合同实施提高能效的企业可获得减免	北爱尔兰的小型发电机、备用电产品，机和发电联合（CHP）电厂和部分低效的CHP可免税	工业、电力、农业和运输部门可获得一些豁免；家庭每户每年减免2000日元；排放大户若进行减排，钢铁、焦炭等生产所用煤炭减免80%；煤油减免50%；渔船用燃料免税	为弥补对经济负面影响，提供0.42~3.33美元/t的碳税补贴
用途		收入弥补个人所得税税收减免和社会福利保险开支	部分收入作对可持续发展企业的补贴，同时降低能源税率		部分收入投入到养老基金（降低雇主承担的养老金缴费比例）		

注：① 芬兰2019年改革，将燃料的碳排放由燃料燃烧转为燃料全生命周期排放（涵盖燃料的开采、冶炼、运输、燃烧等），相当于扩大了征收对象，为此税率有所降低。
② 税率统一按照 tCO_2 排放比较，6国的税率来源于 State and Trends of Carbon Princing 2020[42]。
③ 日本税率是289日元/tCO_2e；根据碳排放因子折算到石油、石油制品、煤炭税上加税。原油、石油制品：760日元/kL；液化石油气、天然气：780日元/t；煤炭：670日元/t。

对各国的碳税征收目的、开征方式、征收对象、征收范围、税率、征收环节、税收优惠、税收用途等政策进行详细比较后，可以得出以下结论：

1) **碳税的主要目的是控制化石燃料使用导致的温室气体排放**。主要的温室气体有 7 种，二氧化碳排放占温室气体的 80% 左右，能源使用产生的碳排放在有的国家甚至达到了 90%。因此，碳税针对的主要是化石燃料使用产生的二氧化碳排放。南非覆盖了多种温室气体，也包括水泥和化学品的生产过程，大多数国家的碳税主要是针对二氧化碳的排放。除了芬兰根据化石燃料全生命周期的碳排放征收外，其他国家多是针对化石燃料使用产生的碳排放征收。

2) **碳税开征的方式多是在现有税种上加税这种模式**。开征独立型碳税的有丹麦、挪威，而英国、日本等更多的国家采取了融入型碳税的方式。融入型碳税是将碳税作为消费税（Excise Tax）、能源税（Energy Tax）或燃料税（Fuel Tax）的一部分，如瑞典碳税依附于能源税进行征收，计税依据为不同燃料的含碳量和发热量。芬兰 1990 年开征碳税时作为独立型税种，后来随着碳税和能源税的改革，将碳税作为能源消费税的单独子目征收。日本 2007 年开征的碳税以环境独立税模式征收，但 2011 年不再将其作为一个独立税种，而是作为石油和煤炭税的附加税征收。

3) **征收对象主要是化石燃料的碳排放**。不同国家的征收对象并不一致，南非的征收对象最广，不仅包括化石燃料的碳排放，还包括其他温室气体排放。日本对所有产生二氧化碳的化石燃料都征收，也有的国家根据本国碳排放实际情况选择更窄的范围进行征收。总的来看，多数国家的征收对象是汽油、柴油、煤等化石燃料。

4) **征收范围以能源企业、工业企业、家庭为主**。芬兰、瑞典以能源行业企业为主，英国、南非的征收范围都包括工业企业。瑞典、丹麦、日本都对家庭征收，丹麦 1992 年碳税针对家庭能源产品消费，1993 年扩展到商业领域。碳税征收范围应该是根据各国碳排放的来源来确定的，欧洲发达国家以生活性排放为主，因此也将家庭纳入碳税征收范围。

5) **碳税都是采取从量定额征收的方式**。一是多根据二氧化碳当量（CO_2e）从量定额征收碳税。和从价征收的方式相比，从量征收的计算简单，二氧化当量的计算则是根据不同燃料的含碳量及其碳排放因子折算而成，世界银行建议碳税税额的 CO_2 排放量计算公式为：能源活动所产生的 CO_2 排放量 = 能源活动数据 × 排放因子（重油排放因子：$2.991kgCO_2/L$；柴油排放因子 $2.778kgCO_2/L$，汽油排放因子 $2.361kgCO_2/L$）。日本是将碳税和能源税合在一起征收，税额根据二氧化碳排放量和碳排放因子折算不同能源的税率。芬兰、丹麦、英国也是直接将碳税与碳排放量挂钩。也有少数国家将碳税与能源税合并征收，所以也将能源的发热当量作为计税依据。二是根据经济发展水平设定本国的税率，经济发展水平高的发达国家税率普遍较高。已开征碳税国家之间的税率差异较大，从低于 1 美元/tCO_2e ~ 137 美元/tCO_2e 不等。欧洲国家税率较高，瑞典超过 100 美元/t，芬兰税率在 60 ~ 70 美元/t 之间。发展中国家和美洲国家碳税税率较低，南非、阿根廷、哥伦比亚、智利、墨西哥等国家普遍低于 10 美元/t。三是碳税覆盖的碳排放范围广则设定相对较低的税率。日本碳税税率水平较低（2.6 美元/t），但覆盖的碳排放范围达到了本国的 75%。四是不同的征税对象税率有所差异。交通燃料税率高于其他领域，工业生产和家庭必须使用的化石燃料税率低一些。丹麦对含氟温室气体设置的税率低于一般化石燃料，也将能源消耗划分为三个种类（即供暖、生产和照明）来分别纳税，供暖足额纳税，照明享受少许优惠税率，而生产只需要缴纳较低比例的税额。芬兰则对交通燃料制定了高于其他化石燃料的税率。

6）**分阶段实施逐步提高税率**。开征碳税会增加企业和消费者的负担，因此开征碳税会面临较大的阻力，为减少阻力在开征之初不宜设定较高的税率。为避免税率过低导致减排效果不明显，分阶段逐步提高税率成了许多国家的共同选择。芬兰实施碳税三十多年，其税率一直保持小幅提升态势。瑞典也是多次调整，分阶段提高税率。为了避免税负急剧增加，日本在三年半内分三个阶段提高了碳税税率。

7）**征税环节以生产环节为主**。生产环节征收纳税人相对较少，比较集中，便于征管，销售环节征收纳税人较为分散，征管难度较大。因此，多数国家选择在化石燃料生产端征税（如日本），但也有少数国家（如英国）在化石燃料的销售环节征收。

8）为避免影响经济增长和产业竞争力，对能源密集型企业区别对待。碳税的开征必须考虑对经济和产业的影响，为避免负面影响，多数国家采取了降低碳税税率或降低其他税负的措施。一是降低企业碳税税率。为减轻碳税对能源密集企业的负面影响，瑞典、荷兰、英国都对达到规定的节能减排标准的企业实施碳税或者能源税的税收优惠，有的对参加自愿减排协议的企业给予低税率，以促进企业加强技术创新、引入环保技术。瑞典对私人家庭的碳税不断提高，但对工业企业碳税减半征收。丹麦曾有一段时间对工业企业征收的实际税率仅相当于私人家庭的35%左右。二是降低能源等其他税收。为保持税收收入中性的原则，也实施了降低能源税、社会保障税、劳动收入税等其他税种税率的配套措施。如瑞典1991年实施碳税时，原有的能源税税率降低了50%。

9）对生物质和生物燃料等低碳燃料免征。如芬兰对生物质燃料油全额豁免。为鼓励低碳技术和新能源的开发利用，瑞典对可再生能源实行免税政策。

10）对中低收入者实施减免。开征碳税必须考虑社会公平问题，贫困家庭收入用于水、电、交通消费所占的比例较高，如果无差别地征税会降低劳动者收入和居民消费水平，会造成部分中低收入人群对国家应对气候变化措施的反感。同时，相对来说，高收入人群的碳排放更高，应该承担更大的责任。考虑到公平原则，应为低收入阶层提供减免税优惠。例如，2001年瑞典大幅度提高碳税的同时，降低了所得税，尤其是低收入家庭的所得税，以消除碳税对收入分配产生的消极影响。

11）碳税收入多用于返还和推进低碳发展。由于开征碳税的目的并不是增加财政收入，开征碳税时多数国家也会适度降低所得税、能源税等其他税收，并将碳税收入用于再返还，弥补其他税收的减少，以保持碳税收入中性。开征碳税主要是为了控制温室气体排放，因此也将一些资金用于节能减排，如日本的碳税收入专门用于节能减排领域的研究和开发，包括新能源开发、环保汽车推广、低碳技术研发等。

经过多年改革和完善，各国碳税征收都取得了一定效果，碳税未来还将不断调整、完善。

1）碳税的开征对减少温室气体排放起到了明显的效果。开征碳税是为了通过影响产品和服务的成本与价格,来减少社会对化石燃料的消耗,从而减少二氧化碳排放。从各国实施情况来看,碳税实施国的二氧化碳排放量控制明显比其他国家更好,芬兰的碳税由最初的 1.62 美元/t 提高到 26.15 美元/t 后,减排效果显著,1990—1998 年间,有效地控制了约 7% 的二氧化碳排放量。瑞典政府认为二氧化碳排放量 90% 的减少来源于碳税。丹麦认为实施碳税后减少了 3.8% 的二氧化碳排放量。

2)**碳税对低碳经济发展有一定的促进作用**。瑞典碳价相对较高,2000—2012 年,瑞典的经济增长了约 30%,同时碳排放量降低了 16%,运用可再生能源的发电量由 2004 年的 39% 增长至 52%,在经济发展的同时推动了温室气体的减排和能源转型。加拿大不列颠哥伦比亚省 2008—2012 年逐步提高碳税,促进了温室气体减排,对经济也没有造成重大危害。

3)**碳税需要进行统筹设计**。一些国家担心实施碳税尤其是过高的碳税税率,会对企业竞争力造成负面影响,譬如增加能源密集型产业的成本,从而降低其在市场上的竞争力,为此不愿征收碳税。因此,碳税需要统筹考虑、综合设计。一是考虑对产业的冲击循序渐进实施。如芬兰最开始采取低税率(1.62 美元/t),执行一段时间后发现减排效果不佳,就将税率提高到 26.15 美元/t。二是对影响较大的行业设置低税率或税收优惠。瑞典 1991 年对工业企业和私人家庭开征碳税,采取了高税率(250 瑞典克朗/t),为保护本国工业竞争力,将工业企业的碳税税率调低到 80 瑞典克朗/t,采矿、制造业及纸浆和造纸行业则全免。丹麦最初工业企业碳税税率仅为私人家庭税率的 35%,后又逐步取消。芬兰虽然能源税率较其他北欧国家更低,但由于缺乏优惠条款,导致碳税征收对芬兰产业的国际竞争力存在一定的负面影响,所幸对环保科技创新的激励可以抵消一部分的负面影响。三是在实施碳税的同时,辅助以补贴、自愿性协议、税收返还、碳税循环等政策,以弥补单一碳税政策的不足。丹麦政府对签订自愿减排协议的高耗能企业进行碳税减免,税率仅为 0.4 欧元/t,显著低于没签订自愿协议企业的 3.3 欧元/t。

4)**碳税必须做好开征后的影响评估**。北欧的国家实施碳税后都开展了效果评估,总结经验得失。澳大利亚由于开征前未充分评估其影响,2012 年推出碳税后，2014年因考虑到对能源价格和经济增长的影响，而成为第一个取消碳税的国家。

5）未来碳税还将呈现"提税率、扩范围、复合税"的发展趋势。目前，各国的碳税政策还在不断地完善中。一是税率还将逐步提高。据国际货币基金组织统计，目前全球碳价格平均不到2美元/tCO_2，要实现《巴黎协定》的减排目标，到2030年前至少应达到50~100美元/tCO_2的水平。加拿大、冰岛、爱尔兰、拉脱维亚、卢森堡等国家都已上调碳税税率，或者是有上调税率的长远计划，如加拿大2020年每吨二氧化碳征收30加元碳排放税，计划未来十年碳税税率逐年增长，到2030年提高至170加元/tCO_2（折合135.3美元/tCO_2）。二是征收范围逐步扩大。从2021年1月1日起，冰岛向进口含氟气体全面征税，税率为19.79美元/tCO_2e。三是单一税收到复合税收的演变。如芬兰经历多次改革，形成了较为成熟的"能源-碳"混合税体系。

2. 欧盟碳市场与碳边境调节机制

欧盟碳交易体系（European Union Emissions Tranding System，EU-ETS）自2005年开始运行，对成员国内部分高碳排放能源及原材料行业实施碳排放权配额及交易管理，对欧盟进口商并无管制要求。欧盟碳交易体系二氧化碳交易价格已超过50欧元/t，是全球碳价最高、碳排放合规成本最高的市场。

2021年3月10日，欧洲议会高票决议通过"碳边境调节机制（Carbon Border Adjustment Mechanism，CBAM）"，决定对部分进口产品加征碳排放费用。2021年7月14日，欧盟委员会正式提出碳边境调节机制实施细则提案（以下简称"提案"）。欧洲议会及欧盟理事会将对提案进一步审议，并提出修改意见，待各方意见达成一致后，欧盟碳边境调节机制才能正式生效。碳边境调节机制实际上是为使进口产品与本地产品生产商负担相同的碳排放成本而实施的措施。

欧盟将要求进口商根据进口商品的碳排放量向指定机构购买相应的"碳边境调节机制证书"，证书价格将根据EU-ETS下的碳配额拍卖价格每周动态调整。同时，为避免碳排放费用的双重征收，如果非欧盟出口商能够证明其商品已在本国支付碳排放费用,欧盟进口商可从碳边境调节机制中扣减相应成本。提案提出,碳边境调节机制最终措施将于 2026 年起正式实施,在此之前的 3 年为过渡期。在 3 年的过渡期内,进口商需要向欧盟提供进口商品的碳排放量报告,但无需支付费用。

征收范围仅覆盖部分原材料直接排放,尚未覆盖汽车产品等由多种材料制成的高集成度商品。碳排放量核算包含商品生产过程及原材料生产过程碳排放。提案将进口商品分为"简单商品"及"复杂商品"。"简单商品"指在生产过程中仅需要投入基础材料的商品(例如生铁);"复杂商品"指在生产过程中需要投入其他简单商品的商品(例如铁管)。其中,复杂商品的碳排放量不仅包含其生产过程产生的碳排放,还包含其上游原材料(即简单商品)生产过程产生的碳排放。

据欧洲改革中心(Centre for European Reform)分析预估,在受碳边境调节机制影响最大的 15 个经济体中,中国位列第三。中国受影响的产品主要是钢铁和铝。碳边境调节机制将直接导致我国向欧盟出口的钢铁和铝相关制品成本上升,在欧盟市场竞争力下降。由于我国汽车产业也使用钢铁等制品,我国汽车企业对欧出口均将面临隐性合规成本增加,"走出去"面临合规难题。

3. 美国加州零排放汽车积分

20 世纪 80 年代,美国加州面临严重的环境污染问题,为减少汽车尾气排放和治理大气污染,加州从 1990 年开始推广零排放汽车(Zero Emission Vehicle,ZEV),并实施了强制性的 ZEV 规定,在实施过程中,结合温室气体减排需要,该规定也兼顾减少二氧化碳的排放。目前,零排放汽车法规主要目标为:①减少空气污染;②减少温室气体排放量;③消除零排放汽车产业发展和市场普及的障碍,建立电动汽车产业链和支持电动汽车发展的生态系统(地方许可、电力和氢基础设施、激励政策等),以推动电动汽车等革新技术的加速发展。加州 ZEV 规定实施中几经调整,期间也面临一些反复,目前已逐步完善,并在 2018 年逐步简化。

加州零排放汽车规定通过强制规定汽车企业零排放汽车销售比例和允许积

分交易相结合的方式，迫使企业推广零排放汽车。总体思路是要求在加州汽车年销售量达 4500 辆以上的企业必须承担零排放汽车生产的责任，即具备一定的零排放汽车积分，具体以企业传统汽车年销量乘以零排放汽车占比要求（如 2012—2014 年为 12%）来确定企业应达到的 ZEV 积分目标。企业可以通过销售各种零排放汽车和清洁汽车（"金"车、"银+"车、"银"车和"铜"车）来满足，也可以通过购买其他企业的富余积分（额度交易）获得，否则必须按照健康安全法向加州政府缴纳每个积分 5000 美元的罚款。零排放汽车是指经政府部门认定的，在使用过程中所排放的任何污染物均为零的汽车，主要为纯电动汽车、燃料电池汽车。其他清洁汽车包括清洁汽油汽车、混合动力汽车等。

加州企业间 ZEV 积分交易形式：①交易标的。在加州销售零排放汽车产生的积分。②交易形式。企业一对一私下商谈、交易。企业仅将交易结果告知加州空气资源委员会即可，不用事前审批。③积分报告。各企业间积分额度及积分购买和销售情况都会向加州空气资源委员会报告。

加州零排放汽车法规政策会基于技术评估及市场和产业发展情况进行适时调整，加州空气资源委员会每两年进行一次技术评估，主要评估技术进步程度和生产能力，以评估结果作为政策调整依据。委员会的所有决议都须在每月公开召开的委员会会议上通过，所有利益相关方的联系方式也会在投票前公开，这些措施有助于确保决策的专业性和透明度，并防止决策过程受到政治企图的影响。由空气质量专家组成 ZEV 管理委员会，不包括任何一家汽车制造商。而在机制设计阶段充分征求了汽车制造商的意见，委员会以及相关决策机构根据反馈意见进行政策修改。在政策设计中，加州空气资源委员会希望积分比例要求和实际积分尽量达到平衡。

加州实施的零排放汽车法规有力地推动了电动汽车产量扩大，美国清洁空气法第 177 条规定其他州可采用加州法规或美国环保署的法规。加州 ZEV 法规目前已经在十二个州实施，其他 11 个州与加州签署了零排放汽车备忘录。

得益于加州零排放汽车积分政策，特斯拉等创新企业从市场上获得了发展资金。据能源与交通创新中心分析，2020 年，特斯拉净利润仅 7.21 亿美元，其中通过出售包括零排放汽车（ZEV）积分在内的管理性积分（Regulatory credits），共获利 15.8 亿美元。以上积分收入包括但不限于在美国 12 个州实施的 ZEV 积分交易，在欧盟的碳排放积分交易，以及在中国的"双积分"交易。

2020 年 9 月 23 日，加州州长的行政命令宣布：2035 年所有在加州上市的乘用车必须是零排放汽车。2022 年 8 月 25 日，加州空气资源委员会董事会通过了 2035 年 100% 零排放乘用车的强制法规。该法规规定，在加州售车的主要厂商在 2026 年销售的新车中零排放乘用车占比必须达 35%；2030 年占比达 68%；2035 年达 100%，年度比例要求如图 8-2 所示。加州空气资源委员会认为：这个新的法规能在 2040 年减少一半由乘用车产生的温室气体排放。零排放汽车包括燃料电池汽车和纯电动汽车（纯电续驶里程须达到 150mile），1 辆车获得 1 个正积分。对插电式混合动力汽车，2026—2028 年纯电续驶里程必须达到 30mile，2029 年开始，纯电续驶里程必须达到 50mile，但插电式混合动力汽车销售不能超过厂商当年零排放汽车销售量的 20%，2035 年，插电式混合动力汽车不给予正积分。

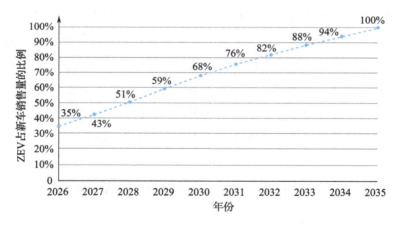

图 8-2　2026—2035 年加州零排放汽车占新车销售量比例

4. 美国加州低碳燃料积分

为减少交通部门碳排放，2009 年，美国加州立法通过了《低碳燃料标准》（Low Carbon Fuel Standard，LCFS），并于 2011 年 1 月 1 日开始实施，以期实现到 2020 年将加州交通燃料的碳排放强度（单位为 gCO_2e/MJ）至少降低 10%

（相对于 2010 年）的目标。2018 年，新增对零排放汽车基础设施积分激励机制，并提出到 2030 年碳排放强度降低 20%（相对于 2010 年）。

交通燃料主要是交通用液体、气体燃料，及交通电力，企业主体是在美国加州供应或销售的企业，如汽油、柴油生产商/经销商，气体燃料则是化石 CNG/LNG/L – CNG、压缩/液化氢加注基础设施运营商，生物 CNG/LNG/L – CNG 生产商/经销商，用于交通领域的电力供应商。

正负积分的产生主要有三种路径：①基于燃料。燃料全生命周期碳排放强度低于目标值获得正积分，高于目标值则获得负积分。②基于减碳项目可获得正积分。③基于零排放汽车基础设施也可获得正积分，如基于加氢站或快速充电站的可用加注容量获取正积分。

积分交易主要采取两种方式：第一种方式是自由交易，设定积分价格上限，目前为 217.9 美元/积分；第二种方式是积分清算市场，企业自愿抵押自身正积分，政府可能发放预支积分。

合规要求是负积分最长 5 年偿清，超出年限未偿清将面临最多 1000 美元/积分的罚款。

8.4 小结

为推动交通领域的脱碳发展，各国都提出了愿景目标，并相互借鉴各项政策措施。中国在推动汽车低碳发展方面，借鉴欧美建立了企业平均燃料消耗量管理制度，分阶段不断提高燃料消耗量标准，同时借鉴美国加州的零排放汽车积分政策，建立了针对燃油汽车的节能积分和新能源汽车积分管理制度。同时，也和各国一样实施了针对新能源汽车的补贴、税收优惠政策。但和国外相比，存在五方面不足：一是汽车征税尚未直接与单车二氧化碳排放量挂钩，欧洲各国已基于汽车行驶阶段的碳排放差别化征收；二是各项措施集中于车端，而对能源端，即对车用能源的管理存在缺失，既未实施碳税，也没对车用能源实施低碳燃料积分管理；三是对车端的管理集中于整车环节，对关键零部件，如动力电池的碳足迹尚未进行管理；四是政策集中于国内，对国际政策尚未涉及，如碳边境调节机制的参与与协调有待加强；五是尚未从碳定价角度来统筹考虑碳市场、碳税及关税政策。

另外，欧盟的乘用车二氧化碳法规和美国加州的零排放汽车积分政策，由于未来将直接影响零排放汽车的市场占比，若法规规定零排放汽车占比达到100%，则相当于禁售了燃油汽车，这对中国的相关管理政策带来了挑战。中国应积极关注欧美政策动态，尤其是2026年欧盟对插电式混合动力汽车和合成燃料的评估情况，结合产业技术、市场发展趋势，与时俱进更新相关政策要求。

第 9 章
零碳竞赛：车企碳中和目标及路径

零碳是企业当前发展的高线，但是未来发展的底线。

随着众多欧洲国家提出碳中和时间表，一些汽车企业也纷纷提出自己的碳中和目标，一般不晚于国家的碳中和时间，并力争将企业碳中和时间表大大提前，从而开展了汽车企业面向碳中和的零碳竞赛。

9.1 汽车企业的低碳发展目标

1. 整车企业

汽车整车企业的碳中和目标多集中在产品和集团层面。因为汽车的最大碳排放环节是汽车作为交通运输工具行驶时燃烧汽、柴油产生的碳排放，汽车企业履行减排最大的义务是向社会提供低碳排放的交通运输工具，这也是汽车企业面向低碳转型的重点。为此，众多汽车企业的低碳目标首要是提供低碳排放的汽车产品——以纯电动汽车为主的新能源汽车产品，或者是零排放汽车产品。

企业新能源汽车销量成为汽车企业电动化转型的重要目标。如通用汽车公司提出 2035 年其所有的轻型汽车都是零排放汽车，本田提出 2030 年中国及发达国家汽车销量中 40% 是纯电动汽车和燃料电池汽车，2035 年提高到 80%，2040 年应达到 100%。由于跨国汽车企业的产品以燃油汽车为主，一般会设定分步骤的目标，如新车型的电动化、全系车型的电动化，最后实现销量的占比目标，或者是分区域实施，如先是欧洲等重点市场的全面电动化，然后是全球的全面电动化。中国的汽车企业集团新能源汽车销量目标也是分步骤——先是自主品牌的电动化,然后是集团所有品牌(自主品牌和合资品牌)的电动化目标,如广汽集团提出 2025 年自主品牌新能源汽车销量占 50%,2030 年集团新能源汽车销量占比 50%。部分汽车企业的新车销售阶段性目标见表 9-1。

表 9-1 部分汽车企业的新车销售阶段性目标

公司名称	阶段时点	说 明
大众	2030 年	欧洲和中国新车销售中电动汽车占 40%
奥迪	2033 年	停止内燃机的生产
奔驰	2039 年	实现新车阵容的碳中和
通用	2035 年	所有轻型汽车为零排放汽车
长城	2025 年	全球年销量 400 万辆,其中 80% 为新能源汽车
日产	2030 年	21 世纪 30 年代初期,实现核心市场新车型 100% 的电动化
本田	2040 年	2040 年新车销量中 BEV 和 FCEV 占比 100%
广汽	2025 年	2025 年自主品牌新能源汽车销量占 50%
广汽	2030 年	2030 年集团新能源汽车销量占比 50%
吉利	2025 年	新能源汽车销量占比 40%
丰田	2030 年	全球电动化汽车销量 550 万辆以上,其中 BEV 和 FCEV100 万辆以上
雷诺	2025 年	乘用车 100% 电气化,氢动力商用车领域成为欧洲领导者
福特	2030 年	电动汽车全球销量占比 50%

汽车企业集团的碳中和主要包括三个方面:产品、工厂和企业运营、供应链。除了沃尔沃 2040 年、吉利 2045 年实现碳中和以外,雷诺、福特、大众、宝马、丰田、日产、本田等汽车企业集团层面的碳中和时间都是在 2050 年。这可能主要是由于欧洲国家层面实现碳中和的时间较早,多在 2050 年,领先于其他地区,为此,汽车企业和欧洲碳中和的时间保持一致,都是在 2050 年实现企业碳中和。汽车企业集团层面的碳中和目标见表 9-2。

也有一些汽车企业提出产品全生命周期零碳排放的目标。如丰田、广汽提出挑战生命周期零排放的目标。由于汽车企业对能源周期的上游影响有限,因此,汽车企业所提出的生命周期零碳排放一般指的是车辆周期零碳排放,覆盖车辆生产使用的全价值链，既包括整车生产、零部件生产、外购的电力和热力，也包括上游的原材料、下游的回收利用。由于生命周期更重要的是要关注产品上下游的碳排放，比产品的电动化难度更大，也需要整个企业的共同努力，为此，也可视为企业集团的碳中和。

表9-2 汽车企业集团层面的碳中和目标

公司名称	时间	说 明
沃尔沃汽车①	2040 年	公司发展成为全球气候零负荷标杆企业
吉利	2045 年	实现碳中和
广汽	2050 年前（挑战 2045 年）	产品全生命周期的碳中和
雷诺	2050 年	2040 年在欧洲区实现碳中和 2050 年在全球实现碳中和
福特	2030 年	电动汽车全球销量占比 50%
大众	2050 年	实现整个集团层面的全面碳中和（碳足迹中性，全价值链碳中和）
宝马	2050 年	实现气候中和
丰田	2050 年	2050 年生命周期（材料制造、零部件、车辆制造、行驶及报废）零排放 新车零碳排放 工厂零碳排放
日产	2050 年	2050 年碳中和（整个集团的企业运营和产品生命周期实现碳中和）
本田	2050 年	实现所有产品和公司商业活动的碳中和

注：①沃尔沃指的是沃尔沃乘用车公司。

2. 零部件企业

为便于描述直接与间接排放源，提高透明度，以及为不同类型的机构和不同类型的气候政策与商业目标服务,世界资源研究所(World Resources Institute,WRI)和世界可持续发展工商理事会(World Business Council for Sustainable Development,WBCSD)自1998年起开始逐步制定企业温室气体排放核算标准《温室气体核算体系》(GHG Protocol)。GHG Protocol针对企业温室气体核算与报告设定了三个"范围"(范围一、范围二和范围三)。范围一排放是企业直接燃烧燃料产生的温室气体排放,范围二排放是企业购买的能源产生的温室气体排放,而范围三则是这两者以外企业产生的所有排放。企业三个范围的排放类型见表9-3所列。

表9-3 企业三个范围的排放类型

排放类型	描 述	说 明
范围一	直接排放	企业物理边界或控制的资产内直接向大气排放的温室气体,如燃煤锅炉、公司拥有的燃油车辆等
范围二	外购电力和热力间接排放	企业因使用外部电力和热力导致的间接排放
范围三	其他间接排放	因企业生产经营产生的所有其他排放,如员工通勤、上下游产品生产排放

注:资料来源于汪军《碳中和时代》[49]。

见表9-4所列,汽车零部件企业一般是从企业范围一、范围二、范围三的角度来提出碳中和目标。如博格华纳提出2035年范围一和范围二碳中和,即企业直接燃烧燃料产生的温室气体、外购能源温室气体排放的中和。在向碳中和目标迈进的时候,零部件企业也分别确定范围一、范围二、范围三的减排目标,譬如采埃孚提出2030年范围一和范围二温室气体减排80%,范围三温室气体排放减少40%,2040年碳中和。博世则提出自身运营和能源采购上游(范围一和范围二)碳排放在2020年实现碳中和,范围三排放在2030年价值链上下游减碳15%,上游主要是采购的商品、服务及物流,下游则是博世生产产品的使用阶段。

表9-4 汽车零部件企业碳中和目标

公司名称	时间	阶段性目标
博世	2020年	自身运营和能源采购上游（范围一和范围二）实现碳中和
	2030年	价值链上下游减碳15%
博格华纳	2035年	范围一和范围二碳中和
采埃孚	2030年	范围一和范围二温室气体减排80%，范围三温室气体排放减少40%
	2040年	碳中和
麦格纳	2030年	全球业务碳中和
法雷奥	2030年	总排放量减少45%
	2050年	碳中和

9.2 零部件企业的减碳路径

1. 电装：工厂节能减碳和自建清洁能源实现碳中和

电装的产品覆盖行驶、转向、制动的硬件产品以及安全、环保相关的软件。电装以2035年为目标，通过生产制造、移动出行产品、能源回收利用三个领域努力实现碳中和。其中，作为所有生产活动基础的生产制造是重中之重。

电装如何在生产过程中实现碳中和？首先，彻底实施工厂的节能减排活动，消除浪费。其次，确保使用可再生能源，达成外部采购能源的碳中和。简而言之，就是减少使用的能源和创造绿色的能源。

减少能源使用的有三项主要措施：

1）生产损耗、浪费趋零化。即通过生产设备的联动，在非生产时间段自动停止，实现节能。

2）超节能设备开发。即通过设备小型化，彻底消除材料、空间、搬运、库存的浪费。以产品加工所需的最低需求为出发点，将原来的大型设备变为原有

投入 "N 分之一" 的设备。不但可以降低生产成本，还能提高生产效率，并减少碳排放。电装设备小型化的效果如图 9-1 所示。

图 9-1 电装设备小型化效果示意图

3）**节省能源工艺方法的开发。**即从产品设计阶段开始考量，到材料、工艺方法，推进各个方面的根本性变革。

通过以上减少能源使用的活动，电装中国每年以 5% 以上幅度减少碳排放，同时电装积极把先进的生产模式和经验向客户和供应商进行推广，致力于全产业链的节能减排。

充分利用绿色清洁能源的主要措施是：

1）**积极开展太阳能发电。**太阳能具有清洁、可再生的优点，电装中国多家工厂正在积极探讨铺设太阳能板以利用可再生能源。

2）**捕捉 CO_2 合成甲烷作为能源使用。**2021 年，电装总部在日本安城制作所建设了回收 CO_2 并进行循环利用的 CO_2 循环设施。可以回收从使用煤气的机器里排放出的 CO_2，并与利用可再生能源电力所生成的氢气反应合成甲烷并作为能量源进行再利用，CO_2 循环设施工作原理如图 9-2 所示。CO_2 循环设备不仅可以导入到电装的生产设备当中，还可以为全球多种制造工业实现碳中和做出贡献。

第9章 零碳竞赛：车企碳中和目标及路径

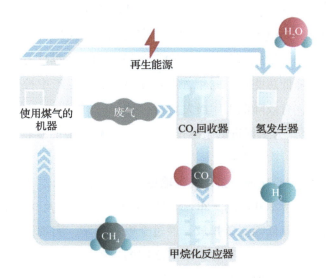

图9-2 电装CO_2循环设施工作原理

2. 宁德时代：清洁能源、能效提升、回收利用、循环材料

宁德时代2019年起便设立了可持续发展委员会，持续计算电池产品每个生产环节的碳足迹。根据计算，可持续发展委员会发现范围三中上下游供应链的碳排放量占比达到了总量的84.6%，而范围一、范围二，即公司自身及资源的直接排放，只占15%。为此，宁德时代将减碳实践深入到公司业务的每个部分——包括运营、产品生命周期、供应链和价值链、利益相关者关系以及所有其他相关活动。

具体来说，包括如下重点环节：

1) 使用清洁能源。注重工厂中地面光伏和屋顶光伏发电设施的建设。2021年，宁德时代光伏发电的总量达到了4765万kW·h，绿色电力使用占比达到22%。2021年，宁德时代在华晨宝马纯电动车型iX3单体电池的生产流程中已实现100%使用绿色电力。

2) 提高能效。宁德时代自主开发了针对设备与能耗管理的系统。2021年总共推进351项节能项目，减少超过60万t二氧化碳排放量。充分利用人工智

153

能、云计算和智慧能源管理等技术，实现低缺陷率和高生产效率。目前，宁德时代每1.7s生产一个电池，缺陷率仅有十亿分之一。2021年宁德时代正式上线CFMS智慧厂房管理系统，通过5G实时监测设备和大数据计算，优化工厂运行策略，最大程度降低总能耗。同年，搭建绿色数字化生产中控管理系统，全局化管控生产过程，有效降低工序损失。

3）**循环包装**。为了促进低碳减排，在iX3单体电池的包装上，宁德时代直接以循环包装取代一次性纸箱。

4）**电动化物流与交通**。公司内运输更多采用电动汽车。在园区内引入无人驾驶物流车、电动货车和电动叉车；为员工提供电动客车及共享单车。

与供应商合作降低物流碳排放。通过全电动货车，实现供应商工厂、原料仓库、加工工厂、成品仓库和客户工厂之间的零碳运转。在第一条试运行的干线物流上，宁德时代目前已经投放了8辆纯电动货车，运行里程超过56万km。

5）**强化供应商碳排放管理**。宁德时代对核心供应商提出量化的可持续发展绩效目标，包括绿色电力使用比例、循环材料使用比例、碳排放强度以及单位产品能耗强度等。

通过自身的可持续发展委员会，或邀请第三方专业机构，面向所有核心供应商开展可持续发展培训辅导工作，围绕产品碳足迹核查、企业温室气体盘查、能源管理、循环材料管理、负责任矿产供应链管理等主题进行研讨和交流。

2021年，宁德时代共对80%的生产物料核心供应商开展了培训与摸底盘查，涉及14种物料类型，包括石墨、铜箔、隔离膜、电解液、铝型材等，最终形成供应商企业温室气体盘查、供应商2020年能耗量盘查、循环材料使用量调查、社会责任内审报告等摸底成果报告。

6）**下游电池回收**。宁德时代认为电池绝大部分材料可以循环利用。2015年，宁德时代就通过对邦普循环的收购，布局了电池回收业务。其花费320亿元投建的邦普一体化新能源产业项目，已经在2021年12月初正式开工建设。目前，邦普对镍钴锰的回收率已经达到了99.3%，锂的回收利用率也达到了90%以上。2021年，宁德时代与巴斯夫宣布在电池材料解决方案领域内建立战略伙伴关系,双方合作聚焦正极活性材料和电池回收。与巴斯夫展开合作后,宁德时代有望形成欧洲本土化的电池回收网络。

通过以上减碳措施并举,2021年,宁德时代单位产品综合能耗较2020年降低24.3%。依靠四川充沛的水资源作为工厂的能量来源,宁德时代全资子公司四川时代获得PAS2060碳中和认证,宜宾工厂成为全球首家电池零碳工厂。

未来,基于风、光、水等可再生能源的高效电力系统,以电动化与智能化为核心,宁德时代在能源利用、交通和物流、生产制造等环节不断改造和创新,将生产效率和可持续发展提升至更高水平。

9.3 整车企业的减碳路径

跨国整车企业基本都确定了自己的碳中和目标和减碳路径。本章选择了大众、雷诺、福特、本田、吉利等企业,分别作为欧洲、美国、日本和中国的汽车企业代表,比较不同类型企业减碳路径的相似和不同之处。

1. 大众集团:电动化转型、清洁能源、可再生材料

大众汽车集团确定了2050年实现整个集团层面全面碳中和的目标。为实现全价值链的碳中和,大众汽车主要依靠电动化转型、清洁能源替代、使用可再生材料、使用气候项目抵消来实现。

(1)通过产品电动化转型,推动产品整个生命周期减少和避免CO_2排放

为了比较纯电动汽车与燃油汽车的碳足迹现状和未来的脱碳潜力,大众集团和德国技术监督协会(TüV)合作分别验证了ID3和Golf 8车型按照世界轻型车辆测试程序(World Light Vehicle Test Procedure,WLTP)工况行驶20万km后从生产制造、上游能源供应、使用阶段到维护与回收整个生命周期的碳排放情况,如图9-3所示。

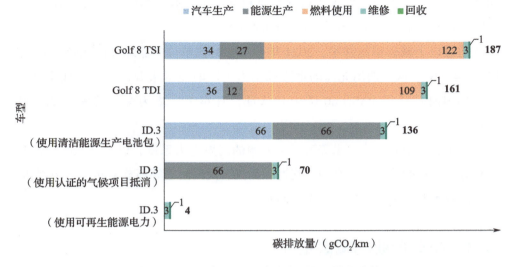

图 9-3 ID3 与 Golf 8 全生命周期碳排放比较

Golf 8 TDI 的全生命周期碳排放量为 $161gCO_2/km$。在供应商使用清洁能源生产高压电池包的情况下，ID3 生命周期碳排放量已经优于 Golf 8，约为 $136gCO_2/km$，但生产一辆 ID3 的碳排放约为一辆燃油汽车的两倍，主要是生产电池原材料的提取难度、能源密集的生产过程以及车身铝材的使用所致。

为降低纯电动汽车生产阶段的碳排放，通过使用认证的气候保护项目（如印度的风力发电场项目或印尼的热带雨林保护项目）来抵消后，ID3 碳排放可下降至 $70gCO_2/km$。

针对车用能源周期的上游碳排放，如果使用可再生能源电力充电，ID3 的碳排放可以降至 $4gCO_2/km$（例如使用大众子公司 ELLI 的充电服务，Naturstrom 绿色电力公司的太阳能、风力混合发电项目），在以上所有措施的基础上，大众基本可以确保交付给用户的 ID3 是完全碳中和的。

（2）整个价值链的能源供给向可再生能源逐步转化

大众集团目前总体的可再生能源使用比例为 45.6%，其中 53 个生产基地已经全部使用可再生能源电力。生产大众 ID3 的茨维考工厂已经完全实现碳中和。后续大众集团将继续推动其他工厂的可再生能源使用，提高生产制造环节的能源利用效率。

同时，大众集团致力于提高下游可再生能源的使用比例，以使得纯电动汽车的使用更加环境友好。充电网络方面，大众将继续与泛欧洲区的清洁充电伙伴合作，改善新能源汽车使用过程中补能导致的碳排放，铺设和接入更多的可再生能源充电站。

（3）采用可再生材料

大众集团将通过采用可再生材料的方式降低使用一次原材料导致的碳排放，如对车身铝材等可再生材料的回收与循环使用。此外，大众集团内部还设立了减排的环保活动，如内部的 CO_2 基金，每年有约 2500 万欧元用于投资世界范围内的温室气体减排项目。

（4）通过国际组织认定的气候保护项目抵消不可避免的碳排放

针对无法采取有效措施消除的碳排放，大众集团将通过国际组织认定的气候保护项目来抵消。

2. 雷诺：电动转型及研发、生产、回收和供应链的低碳

很多汽车企业在选择产品电动化转型主要路径的同时，也面向研发、生产、回收到供应链的全产业链进行脱碳。其中，雷诺汽车采取的就是类似的低碳路径。

（1）电动转型

雷诺汽车的乘用车和商用车将分别面向电动化（尤其是纯电动）和氢能化转型，且都已经取得了实质性进展，纯电动 ZOE 车型在欧洲热销，氢能源商用车合资公司成立，也顺利推出了新车型。雷诺计划 2025 年乘用车 100% 电气化，商用车方面其氢动力商用车能成为欧洲的领导者。

（2）研发阶段

一方面，积极研发电动汽车技术和混合动力技术等相关技术；另一方面，按照生态设计的理念来研发车辆，系统推进车辆全生命周期的脱碳。

(3) 生产阶段

主要通过生产低碳电池、使用可再生能源发电和供热、优化制造工艺、引入人工智能工具管理工厂能耗等四项措施来降低生产阶段碳排放。

(4) 回收阶段

在循环经济领域，雷诺已与合作伙伴成立多家公司专注于不同循环经济业务，并作为盈利单元独立运营，对碳减排产生了实质性的积极作用。未来，随着向电动化的转型，雷诺还将致力于对钴、镍、锂等战略材料的闭环回收，并将回收材料作为生产新电池的原材料。

(5) 供应链

为减少供应链环节的碳排放，雷诺通过引进沼气和生物燃料货车、加快多式联运，来降低运输阶段碳排放，同时引入供应商碳足迹评估和企业社会责任（Corporate Social Responsibility，CSR）评估系统，此外，在材料选择和其他采购时实施内部碳定价机制，以促使供应商不断降低碳排放。

如图9-4所示，到2030年，雷诺集团还将部署气候项目9大行动。其中

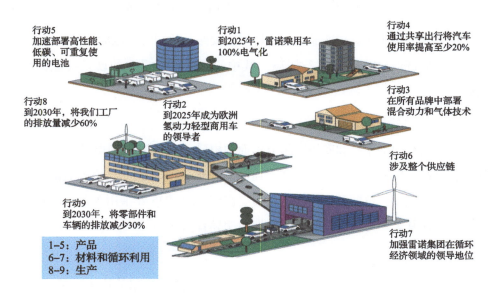

图9-4 雷诺的气候项目9大行动

针对产品的5项，分别是到2025年乘用车100%电气化、成为欧洲氢动力轻型商用车的领导者、所有品牌中部署混合动力和气体技术、共享出行将汽车使用率提高至少20%、加速部署可重复使用的高性能低碳电池。针对材料和循环利用的有2项。针对生产主要是到2030年工厂碳排放减少60%，并将零部件和车辆的排放减少30%。

3. 福特：电动转型、零碳电力、报废回收和可再生的绿色材料

福特汽车确定了2050年前在全球范围内实现碳中和的目标。如图9-5所示，福特认为，95%的碳排放来自汽车产品、企业运营和供应商，为此重点关注这三个领域的脱碳。主要采取的是电动转型、零碳电力、报废回收和可再生的绿色材料等方式。

图9-5 福特汽车2050年碳中和重点关注领域

（1）电动转型

福特确定了2026年电动汽车年产量超过200万辆、2030年电动汽车全球销量占比50%的目标。为实现电气化目标，从2022年到2026年，福特将在电动汽车、电动汽车技术和充电基础设施方面投资超过500亿美元。

（2）零碳电力

福特将安装新的屋顶太阳能及电池板，到2035年，所有制造企业中100%使用零碳电力，主要途径是使用风能、太阳能、核能、地热、生物质能、储能和水力发电来替代化石能源发电。通过DTE能源公司的MIGreenPower自愿可再生能源计划，福特每年购买525000MW·h的密歇根风能。

（3）报废回收和可再生绿色材料的使用

到2030年在企业中不再使用一次性塑料，材料、零件等尽量重复使用。由于铝的碳排放较高，在零件冲压过程中也回收废铝。为降低车用材料上游的碳排放，与铝板供应商合作研发可回收的特殊合金，以及研发与应用其他可再生材料，譬如可再生的植物材料、电池中可再生的材料。

在废物处理等过程中，尽量使用可再生的能源，以减少二氧化碳排放。

4. 本田：电动转型、循环经济

本田确定了到2050年所有产品和企业活动全面实现碳中和的目标。一方面进行电动化转型，本田计划在2030年前实现新车销量的2/3为配备电动化技术的车型；另一方面，遵循减量化、资源化、再利用（Reduce，Reuse，Recycle，3R）原则，推动循环经济发展，具体如图9-6所示。

为减少原材料的碳排放，从产品开发、产品使用和车辆报废等阶段，本田按照减少原料、重新利用和物品回收的原则推进循环经济相关工作。

（1）产品开发阶段：3R事前评价系统

本田从2001年开始，采用"3R事前评价系统"分别对新开发汽车车型的3R性进行评价，并努力提高各车型的3R性。

1) **开发阶段进行轻量化设计**。本田力求通过对结构和材料的研究，实现产品的车身架构、发动机、螺栓等所有零部件的小型化和轻量化。例如：为了达到轻量化的目标以及体现轻量化设计的理念，N-WGN车型采用了厚度

第9章 零碳竞赛：车企碳中和目标及路径

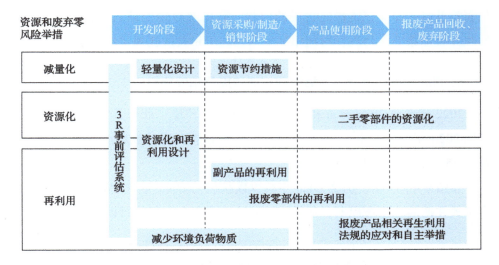

图9-6 本田减量化、资源化和再利用

较薄的保险杠。凭借具有高刚性、高流动性的保险杠材料，以及生产技术的进步使平均厚度为3.0mm的现有规格的保险杠约减轻20%，从而减少了树脂的用量。

2）再使用、再利用设计。本田使用易于再利用的材料和再生树脂，标示树脂、橡胶零部件的原料，在结构设计层面兼顾了可再利用性和便于维护的特点。汽车的内密封条、仪表板表皮等多种内外饰零部件使用易于再利用的原料，而空调风管则使用了可再生材料。同时，为提高再利用时的便利性，尽量对树脂、橡胶材料的原料进行标示。

（2）产品使用阶段：报废零部件的再利用

本田从全国的经销商等处回收因修理或更换产生的报废零部件并进行再利用。2020年度对大约13.6万根报废保险杠进行了回收再利用，回收的保险杠经再制造后用于Freed车型的挡泥板。此外，也对混合动力汽车使用的动力电池等进行回收和再制造，并将持续对报废零部件进行再利用。

（3）车辆报废阶段：回收利用

日本的汽车回收利用法规定，汽车生产厂家有义务承担汽车粉碎残渣、

161

气囊类及氟利昂类三类指定物质的回收、利用及合理处理的工作，本田积极回收并处理这三类物质，再利用率方面也高于相关法规规定的要求。

5. 吉利：电动转型、清洁能源、能效提升和绿色材料

2022年5月30日，吉利汽车发布2021年环境、社会及管治报告，披露了以2020年为基准年，2025年单辆车全生命周期碳排放减少25%以上，以及2045年达到碳中和的目标。

如图9-7所示，围绕2025年减少碳排放与2045年碳中和的目标，吉利汽车关注产品全生命周期，从供应、制造、使用多途径执行以下减碳措施：

图9-7 吉利汽车2045年碳中和路径

注：图片来源于吉利控股集团2021年可持续发展报告。

1）**使用端，即产品端。**持续探索与精进多元化新能源技术，打造全路径动力系统，持续提升新能源汽车销量占比。到2025年，吉利汽车将推出25款以上全新智能新能源汽车产品，实现新能源汽车销量占比超40%，其中极氪品牌目标销量65万辆。

2）**供应端**。到2025年实现一级核心供应商100%使用可再生能源电力；采用可循环原材料，到2025年，实现新能源动力电池生命周期碳排放减少25%以上，达成各车系供应端碳排放减少20%的目标。

3）**制造端**。生产基地采用零排放及更具成本优势的光伏电力，开启吉利汽车清洁能源制造时代。目标是到2025年整车基地100%使用可再生能源电力，整车基地单车能耗降低20%。预计2025年实现制造端减排50%。吉利汽车降低整车生产环节碳排放的具体措施见表9-5所列。

表9-5 吉利汽车降低整车生产环节碳排放的具体措施

整车生产环节	新工艺、新技术、新设备	节能成效
冲压	冲压线自动休眠模式	降低设备能耗
焊接	旋转攻丝铆接（Flow Drill Screw, FDS）	不产生烟尘排放 不需要冷却循环水 减少90%的耗电量
涂装	烘干炉余热回收	每小时可节约66m³天然气 每小时可回收热量2164000kJ
涂装	干式纸盒喷漆室	减少废气量70%、废渣34%（减少废渣排放约60t/年）、能耗60%；无工业用水消耗（年节约工业用水用量9000t/年）、无废水产生（年减少废水排放4000t/年）
总装	发光二极管（LED）照明	减少30%~50%耗电量
总装	设备用电智能监控	减少10%~20%耗电量
总装	工位照明智能控制	减少10%~20%耗电量

4）**回收利用端**。吉利汽车将建立生产者责任延伸体系，推进可持续理念在上下游企业和消费端传递，引领循环经济。

为实现原材料阶段的碳减排，吉利汽车遵循循环回收的3R原则，从在产品开发阶段采用轻量化设计、在生产阶段应用循环材料、在报废阶段进行材料回收三方面提升资源有效利用水平，如图9-8所示。

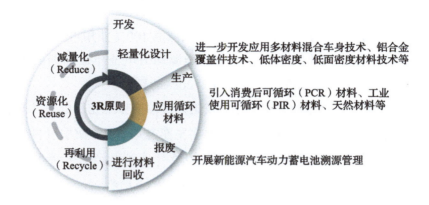

图 9-8 吉利汽车遵循 3R 原则推进资源循环利用

①在产品开发阶段：遵循轻量化设计的理念，进一步开发应用多材料混合车身技术，铝合金覆盖件技术，低体密度、低面密度材料技术等。

②在产品生产阶段：引入消费后可循环（Post-Consumer Recycled，PCR）材料、工业使用后可循环（Post-Industrial Recycled，PIR）材料、天然材料等。

③在产品报废阶段：开展新能源汽车动力电池溯源管理，以实现电池的可追溯、材料的可回收。

面向未来，吉利汽车将持续超前布局，围绕汽车产业电动化、智能化转型，协同全球生态伙伴打造企业可持续竞争力，加快实现 2045 年碳中和承诺的步伐。

9.4 汽车企业的低碳路径比较

比较诸多汽车企业的碳中和路径，主要包括产品电动转型、清洁能源替代、供应绿色材料、报废回收利用、工厂能效提升。

1. 产品电动转型

为实现交通零排放，向零排放的电动汽车转型是众多汽车生产企业的共同选择。和特斯拉、小鹏等新造车企业选择纯电动汽车较为单一的技术路线不同，传统汽车企业向电动化转型基本上是多条技术路线并举——选择纯电动、插电式混合动力、燃料电池汽车主流路线的同时,也兼顾高效率内燃机、混合动力、零碳燃料汽车的发展。此外,汽车企业的低碳产品技术路线也受到各国政策法规的影响,如欧盟和美国加州计划2035年乘用车只允许零排放汽车的销售,为此一些企业决定2035年欧洲乘用车市场销售目标为100%零排放汽车。

相比较来看,产品转型的技术路线选择呈现以下特点:一是纯电动技术路线成为汽车企业转型的首要选择。主要原因是:纯电动汽车使用阶段零排放、技术相对成熟、成本不断降低,依靠上游供应链的清洁能源替代、充电行驶时的可再生能源电力充电,也能实现全生命周期零碳排放。二是燃料电池汽车受到一些汽车企业的重点关注。燃料电池汽车使用阶段零排放,未来制氢全面转向可再生能源电力制氢也能实现生命周期零排放,因此成为丰田、现代、雷诺、长城汽车等众多厂家的选择。三是混合动力汽车技术路线。分为插电式混合动力汽车和普通混合动力汽车,主要是混合动力也能显著减少汽车行驶阶段碳排放,但由于其使用的仍是传统的化石燃料汽、柴油,面向碳中和目标全生命周期实现零碳的难度较大,为此,也有企业正在加大合成燃料技术研发和应用,通过高效内燃机、混动技术和零碳燃料的结合实现产品全生命周期的零碳排放。部分汽车企业产品转型的主要技术路线见表9-6所列。

表9-6 部分汽车企业产品转型的主要技术路线

企业名称	主要产品路线
长城	高效内燃机、纯电动、插电式混合动力、普通混合动力、燃料电池汽车
保时捷	高效内燃机、纯电动、插电式混合动力、零碳燃料
雷诺	纯电动、普通混合动力、燃料电池汽车等
丰田	高效内燃机、纯电动、插电式混合动力、普通混合动力、燃料电池汽车
上汽集团	纯电动、插电式混合动力、燃料电池汽车

为加快产品电动转型、实现新能源汽车销量目标,汽车企业主要采取以下措施:一是加大电动汽车投资。大众计划到2025年投资约350亿欧元,将欧洲市场上车型组合中的电动汽车比例提高到20%,福特2022年到2026年在电动汽车、技术和充电设施方面投资超过500亿美元。二是推出更多新车型。吉利

汽车集团旗下各品牌 5 年内将推出超过 25 款全新智能新能源汽车产品。三是扩大电动汽车生产能力。通用汽车到 2025 年在中国和北美的电动汽车产能超过 100 万辆，2030 年中国半数工厂将具备电动汽车生产能力。

2. 清洁能源替代

无论是汽车产品生命周期排放实现零碳还是工厂实现碳中和，都必须依靠清洁能源对传统化石燃料的替代才能实现，因此，要推进汽车全价值链的能源供给向可再生能源逐步替代，在这个过程中，电能使用必须是 100% 的零碳电力。一是汽车工厂直接排放，由使用化石燃料向自建光伏等转变。二是外购的电力由高碳电力转向低碳的绿色电力，最终实现间接排放为零排放。三是推动供应链上游向使用可再生能源转变。零部件企业和材料企业通过自建光伏、外购绿色电力等实现清洁能源替代，降低间接碳排放。四是推动产品使用时的能源向清洁的电力转变。如新能源汽车充电时使用分布式光伏提供清洁电力。

3. 供应绿色材料

为降低车用材料上游的碳排放，汽车企业与相关企业积极合作，不断创新，应用更低排放的绿色材料。譬如，福特汽车与铝板供应商合作研发可回收的特殊合金，以及研发与应用其他可再生植物材料。本田采用易于再利用的材料和再生树脂，从而降低一次材料使用带来的碳排放。2021 年，梅赛德斯 – 奔驰成为全球首家在量产车型中采用绿色钢铁的企业，绿色钢铁的碳排放相较普通钢铁可以减少 60%，同时，奔驰入股瑞士初创企业——H2 绿色钢铁公司，H2 公司利用绿色氢气来还原铁矿石，并采用电弧炉生产，能有效降低车用钢材的二氧化碳排放。华晨宝马沈阳生产基地计划从 2023 年中期开始，量产车型逐步使用河钢的低碳汽车用钢，这些低碳汽车用钢的生产过程将少产生 10%～30% 的二氧化碳，2026 年起，在整车量产过程中使用河钢生产的绿色汽车用钢——基于绿色电力和电炉等，其生产过程将逐步实现二氧化碳排放量减少约 95%。

4. 报废回收利用

汽车企业历来重视报废回收利用工作，在低碳发展的要求下，对废弃材料、零部件的回收处理更加关注。随着电动汽车的普及，动力电池的梯次利用和材料回收也得到企业的重视。一是钢铁、铝、塑料等碳排放强度较大的材料的回收，如大众集团、福特汽车等都高度重视车身铝材等可再生材料的回收与循环使用。二是汽车零部件的再制造。零部件的再制造具有较好的减碳效应，汽车整车生产企业已通过售后服务体系回收旧机动车零部件，将再制造产品纳入自身售后体系销售。三是电池的梯次利用。如奥迪对电池进行测试，状况较好的可以再制造，然后用作电动汽车的更换件，也可作为奥迪充电中心的储能电池；已达到使用寿命终点的电池和电池模块通过机械过程分解，成为单独的组分，如铝、铜、塑料和"黑粉"（锂、镍、锰和石墨等电池原材料）进行回收。四是电池材料的回收利用。如邦普对镍、钴、锰的回收率已经达到了99.3%，锂的回收利用率也达到了90%以上。

5. 工厂能效提升

由于碳排放主要是能源使用导致的，工厂一般通过优化工艺、余热余能利用、能耗监测、设备自动关停等诸多措施，提升能源利用的效率来降低碳排放。宁德时代自主开发了针对设备与能耗管理的系统，通过5G实时监测设备并进行大数据计算，优化工厂运行策略，最大程度降低总能耗。雷诺也引入人工智能工具管理工厂能耗。电装等通过非生产时间段设备自动停止降低能耗，同时还通过小型化的超节能设备开发，减少资源的浪费来减少二氧化碳排放。吉利汽车更是多管齐下，在汽车整车生产四大工艺中采取提升工厂能效的措施，通过冲压线自动休眠模式降低设备能耗，焊接新工艺减少90%的耗电量，涂装烘干炉的余热回收，和总装车间的LED照明、智能控制等措施减少用电量。

9.5 小结

汽车产业是国际化发展程度较高的行业，因此，在各国政府积极推进碳中和、减少温室气体排放政策的推动下，汽车企业确定了碳中和目标，并积极采取措施履行其碳中和承诺。汽车和零部件企业在积极推动产品向电动化的转型，整车企业不断提高新能源汽车产品销量，零部件企业也从传统的内燃机动力系统等向电动汽车零部件转型。由于汽车关联产业众多，上下游均有相关的排放，因此，汽车企业在积极推动其自身直接使用能源导致的碳排放和外购电力、热力间接碳排放降低的同时，也积极推动全价值链的电力替代、绿色材料应用和报废回收利用，以早日实现产品生命周期的零碳排放和企业集团的碳中和目标。

第 10 章
零碳之路：汽车产业实现碳达峰、碳中和的路径与政策

六大路径、三步走，实现汽车全面零碳转型。

实现碳达峰碳中和是一场广泛而深刻的经济社会系统性变革。汽车工业产业链条长、关联产业多、社会关注度高，碳达峰碳中和对汽车产业挑战较大。汽车工业选择什么样的低碳发展道路，对相关工业、能源行业、交通出行也会产生较大的影响。因此，要针对汽车产生的碳排放进行全面评估，抓住重点，统筹设计，以实现零碳发展为最终导向，明确长期治本路径和短中长期措施，研讨汽车脱碳发展之路。

10.1 零碳发展路径

1. 汽车制造、交通、材料与能源低碳转型路径

比较汽车制造、汽车行驶、车用材料和能源排放活动及减碳路径见表 10-1 所列。汽车制造的碳排放主要来源于整车四大工艺及动力站房、关键零部件的生产（如动力电池生产），使用外购电力产生的间接碳排放占较大比重。未来向低碳转型的路径是外购绿色电力、自建光伏以减少化石能源发电带来的间接碳排放，生产过程中要通过能效提升、利用高效热源、改进生产工艺来降低直接碳排放。减碳的责任主体主要是汽车整车企业、动力电池生产企业和其他零部件生产企业。

汽车交通的碳排放活动主要是商用车货物运输、私人乘用车驾车出行，运

输和出行时燃烧汽、柴油产生的直接碳排放。未来向低碳转型的路径是推广新能源汽车、调整运输结构、运用燃油汽车节能技术。为降低汽车作为交通运输工具产生的碳排放，应支持纯电动汽车、燃料电池汽车、插电式混合动力汽车、普通混合动力汽车、合成燃料汽车、无轨电车等零排放和低排放汽车的普及。减碳的责任主体主要是汽车生产企业、运输企业和私人乘用车车主。

车用材料的碳排放主要是制造汽车使用的钢材、塑料、铝、电池正负极材料等在生产过程中的碳排放，以生产过程中的化石燃料燃烧（直接排放）和电力使用（间接排放）导致的碳排放为主。未来向低碳转型的路径是绿色新材料、回收再利用、低碳新工艺、电力清洁化和车辆轻量化。承担减碳直接责任的主体主要是原材料企业，能源企业、汽车企业也应承担辅助的减排责任。

车用能源的碳排放主要是汽车在行驶中使用的能源在上游生产过程中的碳排放，包括原油开采与炼制、化石能源发电、制氢过程中的碳排放。未来向低碳转型的路径是油气生产减碳、可再生能源电力替代、积极发展氢能、分布式发电和零碳燃料研发应用。承担减碳的责任主体是石化企业、氢能供应企业、电力企业等。

表 10-1 汽车制造、汽车行驶、车用材料和能源排放活动及减碳路径

领域	主要碳排放来源	主要能源	减碳路径	汽车产品技术路线	责任主体
汽车制造	整车四大工艺及动力站房 动力电池等关键零部件生产	电力（80%）	外购绿色电力 自建光伏 能效提升 高效热源 生产工艺改进		汽车整车企业 动力电池生产企业 零部件生产企业
汽车交通	商用车（尤其是重型货车）货物运输 私人乘用车驾车出行	汽油、柴油燃烧（90%）	推广新能源汽车 运输结构调整 应用节能技术	纯电动汽车 燃料电池汽车 插电式混合动力汽车 低碳燃料汽车 无轨电车（电气化公路） 普通混合动力汽车	汽车生产企业（提供低碳汽车产品） 运输企业 私家车车主

(续)

领域	主要碳排放来源	主要能源	减碳路径	汽车产品技术路线	责任主体
车用材料	车用钢 车用塑料 车用铝 电池正极材料、电池包、电解液等	化石燃料燃烧 电力使用	绿色新材料 回收再利用 低碳新工艺 电力清洁化 车辆轻量化	车辆轻量化	原材料企业 能源企业 汽车企业
车用能源上游	发电 制氢 原油开采与炼制	化石燃料燃烧排放 电力使用排放	油气生产减碳 可再生能源电力替代 积极发展氢能 分布式发电 零碳燃料研发应用 生物质能	充换电基础设施与能源的协同	石化企业 电力企业 氢能相关企业

2. 汽车全产业链低碳发展的"六大支柱"

汽车制造、汽车行驶、车用材料和能源排放的降低，都有各自不同的路径选择，但也有些共性选择。通过比较各种减碳路径对降低碳排放总量的贡献度，本节总结了面向2060年实现碳中和目标的汽车及相关行业的脱碳路径，主要包括电气化、清洁能源、能效提升、结构优化、绿色材料、技术创新，它们构成了汽车全产业链低碳发展的"六大支柱"。

1）电气化。一是在车辆端推进乘用车、商用车的电动化进程。汽车的碳排放主要是汽车行驶阶段直接燃烧汽、柴油产生的碳排放，纯电动汽车在行驶阶段是零排放，因此，将燃油汽车替代为纯电动汽车占据市场主流，是各国交通领域脱碳的共同选择。商用车碳排放更多，应根据应用场景，探索纯电动汽车、燃料电池汽车、无轨电动货车等多条电动替代技术路径。二是在车用材料、车用能源生产过程中也要推进电气化替代，改变对化石燃料能源的高度依赖。三是汽车生产企业、车用材料企业、车用能源企业应通过自建光伏发电、风力发电等措施，推动分布式能源发展，实现更多的绿色电力应用。

2）**清洁能源**。最重要的是电力的清洁化，但同时也应推进其他燃料的低碳化发展。一是针对车辆电动替代后导致的上游碳排放的增加，大力支持风能、太阳能等可再生能源电力的发展，引导新能源汽车用新能源电。推进 V2G（Vehicle to Grid，电动汽车到电网）、车网互动、分布式光伏的发展。二是推进其他零碳能源的发展。生物燃料也能显著降低燃料周期的碳排放，依靠可再生的电力，氢能、氨能、合成燃料都能提供零碳动力，因此，应大力推进零碳燃料等清洁能源的研发和应用。

3）**能效提升**。一是汽车能效的不断提升。不断推进燃油汽车燃料消耗量的改进，乘用车新车平均燃料消耗量年均降幅应高于 2%，2030 年商用车新车平均燃料消耗量应比 2025 年继续降低 10%。新能源汽车也要聚焦百千米电耗、百千米氢耗等指标，不断降低汽车燃料消耗量。二是汽车制造、能源生产、材料生产过程中的能效提升。三是通过数字化技术的运用，提升运输效率以及能源使用方面的效率。

4）**结构优化**。一是货物运输结构的优化，推进公路转铁路、公路转水路，大力发展多式联运，降低货物运输对汽车的高度依赖。二是客运结构的优化，推进高碳的小汽车出行向低碳的绿色出行转变。小汽车的过多使用既占用了更多的道路公共资源，也带来了更多的碳排放。一方面需要大力发展公共交通、慢行交通、绿色都市的建设，另一方面也需要对城市内小汽车出行进行控制，如零排放区的设置、拥堵费的开征。三是汽车保有结构的优化。根据世界资源研究所的研究，我国重型货车整体数量规模较大，尽管中国公路货物周转量是欧盟和美国的 2~3 倍，但重型货车数量却是欧盟和美国的 3~5 倍，我国公路运输平均空驶率有待下降、单车平均负载质量有待提升。

5）**绿色材料**。一是从汽车材料生命周期角度，基于低碳发展的视角进行车辆的轻量化设计，从汽车研发、采购、生产、回收再利用等方面系统考虑低碳材料的应用。二是加大新材料、新技术的基础研究，尤其是动力电池相关的材料创新和运用。三是重视再生材料的使用。对废钢、废铝等高碳排放的材料，提升回收再利用的规模和水平。

6）**技术创新**。汽车、能源、材料等现有技术尚无法实现零碳发展的要求，还必须依靠技术的不断创新。一是加快汽车产品低碳技术研发。对高循环寿命动力电池、低碳电池材料、V2G 相关技术等开展技术攻关，早日实现技术突破，降低应用成本。二是清洁能源低碳技术发展。加强新型电力系统基础理论研究，在能源生产技术（风能、太阳能、生物质能、氢能等）、电网技术（高比例新能源并网支撑技术、新型电能传输技术、新型电网保护与安全防御技术等）、能源高效利用技术（柔性智能配电网技术、智能用电与供需互动技术、低碳综合能源供应技术等）、能量高效存储技术（电化学储能技术、机械与电磁储能技术、新型储能商业模式等）、共性关键技术（新型电工材料、新型电力系统器件、电网数字化技术等）等方面推动关键核心技术研发，实现"源网荷储及通用"技术的突破，并研究制定新型电力系统相关标准。加大合成燃料产业链的合作、示范和应用，不断降低零碳燃料成本。三是材料技术研发。推进低碳多材料的混合运用技术、新体系新材料的基础研究、材料回收利用技术的突破和应用。

3. 汽车市场低碳发展路径

汽车作为交通运输工具的碳排放是整个交通运输减排的重点，和汽车制造、车用材料和能源上游环节相比，行驶阶段也是排放大户。为有效降低交通碳排放，需要推广更多低碳排放的车辆，推进以纯电动汽车为主的新能源汽车市场占比的提升无疑是最重要的工作。

按照双碳发展的要求，2020—2060 年汽车销量、保有量及新能源汽车（含零碳燃料汽车）占比发展趋势如图 10-1 所示。到 2025 年，当年新车销量中新能源汽车渗透率应达到 25%~35%，到 2030 年，新车销量中新能源汽车占比应达到 40%~50%，汽车保有量中新能源汽车占比应超过 20%。

2030 年左右碳达峰后，也应大力支持零碳燃料（生物燃料、合成燃料）的发展，为此应将全生命周期碳排放低于纯电动汽车的低碳燃料汽车也纳入新能源汽车的范围。2040 年新车销量中，新能源汽车和零碳燃料汽车占比应达到

80%，保有量中60%以上是新能源汽车和零碳燃料汽车。

到2050年，新车销量中纯电动汽车、燃料电池汽车、合成燃料汽车等全生命周期零碳的汽车占比达到100%；汽车保有量中纯电动汽车、燃料电池汽车、合成燃料汽车等全生命周期零碳的汽车占比达到90%以上。

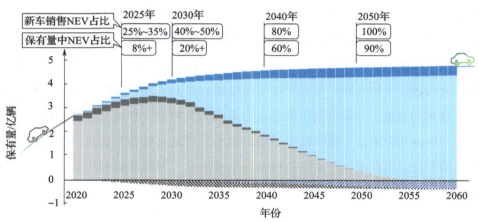

图10-1 双碳要求下2020—2060年汽车销量、保有量及新能源汽车（含零碳燃料汽车）占比发展趋势

注：数据来源于中汽中心中国汽车战略与政策研究中心团队预测结果。如2023年后延续税收优惠政策，新能源汽车占比和保有量占比将快速提升。

4. 配套基础设施发展路径

随着纯电动汽车、燃料电池汽车的推广，配套的充电桩、换电站、加氢站及综合能源服务站等基础设施需要加快推进，如图10-2所示。

2021年，新能源汽车普及步入快车道，但配套基础设施的建设明显滞后。2021年，中国充电桩年度建设数量达到93.6万个，同比增长102.6%，保有量达到261.7万个，其中，公共充电桩保有量114.7万个，私人充电桩147万个，车桩比从2020年的2.9:1微增至3.0:1，基本保持稳定，见表10-2所列。截至2022年底，我国累计建成加氢站350座，数量全球第一。

第10章 零碳之路：汽车产业实现碳达峰、碳中和的路径与政策

a）充电桩

b）换电站

c）加氢站

d）综合能源服务站（汽、柴油、LNG、充电、加氢）

图 10-2　新能源汽车基础设施

表 10-2　2020—2021 年新能源汽车与充电基础设施保有量统计表

年份	新能源汽车保有量/万辆	充电桩保有量/万个		车桩比
2020	492	168.2	80.7（公共）	2.9
			87.4（私人）	
2021	784	261.7	114.7（公共）	3.0
			147（私人）	

注：数据来源于公安部、中国电动汽车充电基础设施促进联盟。

2025 年新能源汽车保有量占汽车保有量的比例预计将超过 8%。为了和新能源汽车保有量的不断增加相适应，2025 年、2030 年充电桩保有量应分别超过 1100 万个、3000 万个，才能基本满足新能源汽车的充换电需求。

1）到"十四五"末，我国形成适度超前、布局均衡、智能高效的充电基础设施体系。国家发展改革委发布的《关于进一步提升电动汽车充电基础设施服务保障能力的实施意见》提出，到"十四五"末，我国电动汽车充电保障能

力进一步提升，形成适度超前、布局均衡、智能高效的充电基础设施体系，能够满足超过 2000 万辆电动汽车的充电需求。探索单位和园区内部充电设施开展"光储充放"一体化试点应用，积极推进试点示范。

2）到 2030 年，形成"便利高效、适度超前"的新能源汽车充换电及加氢站体系。2030 年，汽车保有量中新能源汽车占比将达到 20%，其中燃料电池汽车保有量达到 100 万辆左右。大力加快推进新能源汽车相关的"新基建"，统筹规划"油气电氢"等补能基础设施，重点开展老旧社区改造，新建社区 100% 预留充电桩建设安装条件，加快高速公路、城乡道路充电设施建设，积极推动智能充电、V2G 等新型技术研究和商业模式探索，提高"新基建"覆盖率，形成"便利高效、适度超前"的新型基础设施网络体系。

3）2030 年后，油气基础设施的再利用取得明显进展。为适应车用能源多元化发展的要求，在推进"新基建"的同时，大力推进零碳燃料应用油气基础设施的技术研究和改造工作。生物燃料、合成燃料为汽、柴油基础设施的再使用提供了可能，也能有效降低油气基础设施的搁浅成本，因此需要将老的基础设施与新的零碳燃料相结合，推进可再生能源电力制备的甲醇、氨能等零碳燃料更好地利用油气基础设施。

5. 车用材料低碳发展路径

加强产业链协同，推进原材料生产、车用材料使用和车辆回收利用三方面共同发力，实现车用材料的低碳发展。尤其是 2030 年后新能源汽车销量将超过传统燃油汽车，新能源汽车上游的材料碳排放占比比燃油汽车更高，应更加关注汽车行业的材料减碳工作。

1）协同推进全产业链低碳。整车企业发挥"龙头"作用，树立全供应链减碳理念，从车辆的研发设计、生产、采购到废弃系统性思考车辆的脱碳发展。加强产业链上下游联动与协同，研发低碳技术并推进示范应用，引导原材料获取、关键零部件制造、整车制造、车用能源使用以及回收利用等开展全产业链低碳合作。原材料企业结合汽车企业和自身低碳发展需求，积极研发和推进低碳新材料应用和生产工艺的优化，降低化石能源使用，推动能源使用向可再生能源转型。汽车企业应积极推进废钢等材料的回收利用，资源再生回收利用企业要提高车用材料回收规模，提升汽车零部件再制造质量水平。

2）**不断降低材料生产碳排放**。原材料生产企业应充分利用冶炼、提炼过程中的余热、余能，开展绿色生产行动。逐步应用新的低碳工艺取代传统工艺，提高绿色电力应用比例，实现车用材料生产阶段碳排放的显著降低。

3）**推广应用绿色低碳新材料**。汽车企业应建立车用材料碳管理体系，根据车用材料碳数据库，了解不同车用材料的碳排放强度，为车用材料低碳发展提供强有力的数据支撑。原材料企业应加强低碳新材料的研发，加强技术攻关，推进低碳的多材料混合应用，为汽车企业提供更多的低碳绿色材料。

4）**大力发展循环经济**。加强汽车整车及零部件产品易回收利用设计及相关信息公开，推动低碳材料和可再生材料的使用。提高报废机动车精细化拆解水平和资源回收利用效率，扩大回用件使用规模。完善新能源汽车废旧动力电池回收服务网络，推动梯次利用规范化、规模化和商业化发展，提升钴、锂等稀贵金属等循环利用水平。

6. 车用能源低碳发展路径

从低碳电力和燃料两个途径入手，能源供给和能源使用双轮驱动，推进车用能源的低碳甚至最终实现零碳发展。2035 年前，汽车保有结构仍以燃油汽车为主，应大力推进油气生产节能减碳，研发应用低碳燃料，2035 年后，要大力推进可再生能源电力发展，早日建立以可再生能源电力为基础的零碳电力、零碳燃料、零碳氢能的车用能源新体系。

1）**推进油气生产节能减碳**。汽车行业应大力推广混合动力等先进技术，不断降低燃油汽车油耗。石化行业实施油气绿色生产行动，淘汰落后生产工艺设备，推广应用低能耗开采、炼油技术。

2）**大力推进可再生能源电力发展**。在能源使用端推进汽车的电动化替代，鼓励新能源汽车用新能源电，持续降低新能源汽车的燃料消耗量。提高风力发电、光伏发电的装机量，建立以可再生能源电力为主的新型电力系统，早日实现由高碳的化石能源发电向低碳可再生能源发电为主的转变。

3）**研发应用零碳燃料**。鼓励电力企业、石化企业等加大合成燃料、氨燃料、醇燃料等相关的技术研发，鼓励汽车企业、内燃机企业和能源企业加大零碳燃料产业链的合作、示范和应用，不断降低零碳燃料成本，最终实现零碳燃料对高碳的车用化石燃料的替代。

4）**注重氢能应用**。氢能是车用能源低碳发展的重要一环，它不仅是终端车用能源的零碳选项之一，也是工业生产中的重要替代能源，同时合成燃料也需要在氢的基础上进行制备。一方面应从使用端促进氢能的应用，实现低碳氢能对高碳化石燃料的替代。另一方面，系统研究多种氢能供应路径的可行性和科学性，建立适合我国国情、科学合理、安全高效的制氢、储运氢、加氢产业链，促进形成低碳的氢能供应体系。

5）**分布式能源**。推进产业园区分布式光伏发电基础设施建设，构建"制储输用"的立体能源体系，逐步推进低碳园区、零碳园区（工厂）建设。与构建新能源为主体的新型电力系统相结合，提高电网对高比例可再生能源电力的消纳和调控能力。推进V2G、新能源汽车等作为新型储能技术的示范应用，统筹新能源汽车充放电、电力调度需求，引导电动汽车充换电网络参与电力系统调节。

10.2 实施"三步走"战略

面向我国2060年前实现碳中和的目标，汽车及相关产业要实现近零排放，可分为三个阶段，分别是"交通为先"助推碳排放总量提前达峰、"产业协同"推动总量与强度双控、"全面零碳"实施全生命周期管控，"三步走"实现汽车全生命周期的碳中和。

第一步，2030年前以行驶阶段低碳为主推进交通碳排放总量提前达峰。

我国将于2030年前实现碳排放总量达峰，汽车碳排放总量的大头是交通运输工具使用产生的碳排放，以燃油汽车为主的保有结构导致了交通碳排放总量的增长。为助推交通碳排放的提前达峰，可对汽车采取控总量、优结构（客货运结构调整、出行方式绿色）、提能效（降低燃油汽车油耗）、促转移（电动替代)等措施。

在这个阶段,由于还要满足人民日益增长的物质文化需求,不宜过多地对汽车总量进行管控。因此主要依靠推广新能源汽车、促进燃油汽车节能双轮驱动,实现汽车交通碳排放的早日达峰。2030年,新能源汽车应达到新车销售总量的40%~50%,乘用车新车平均燃料消耗量要下降到3.5L/100km以下,商用车新车平均燃料消耗量要比2025年降低10%以上。

第二步,2030—2040年推动汽车、材料、能源、交通跨产业链协同准备。

2030年新车销售总量中新能源汽车占比将达到40%,甚至超过50%,成为主流产品。新能源汽车成为市场主流后,材料排放和能源排放问题将更加凸显,应在推进交通减碳的同时加强汽车工业、材料行业、能源行业全产业链协同,为早日实现车辆材料周期、燃料周期的零碳发展做好准备。

在这个阶段,要探索排放总量和碳排放强度"双控"的可行性,建立以碳排放总量控制为主、碳排放强度控制为辅的推进制度。按照乘用车、商用车分别确定2035年、2040年阶段性碳排放削减目标,同时建立基于车辆材料周期(材料碳排放强度,主要看每千克的碳排放当量,单位为CO_2e/kg)、燃料周期碳排放(每度电或者每升油的碳排放当量,单位为$CO_2e/kW·h$、CO_2e/L)的管理体系,建立汽车工业、材料工业、能源行业全产业链协同减碳机制。2040年新车销量中新能源汽车占比达到80%,汽车保有量中纯电动汽车、燃料电池汽车、合成燃料汽车等全生命周期零碳的汽车占比达到60%。

第三步,2040年后启动全面零碳化转型,最终在2060年前实现汽车全生命周期碳中和。

以零碳电力、零碳氢能、零碳燃料为重点,在推进交通零排放的同时启动汽车、电力、氢能、材料的全面零碳化转型,在2060年前实现汽车全生命周期碳中和。

这个阶段主要以碳排放强度(CO_2e/km)管控为主,通过碳排放强度管控力推全生命周期碳中和,实现碳排放总量的近零排放。到2050年,新车销量中纯电动汽车、燃料电池汽车、合成燃料汽车等全生命周期零碳的汽车占比达到100%;汽车保有量中纯电动汽车、燃料电池汽车、合成燃料汽车等全生命周期零碳的汽车占比达到 90% 以上，最终在 2060 年前实现汽车产业的全面零碳转型。

10.3 零碳发展政策建议

1. 完善汽车零碳转型的投融资体系

根据清华大学气候变化与可持续发展研究院 2020 年发布的《中国长期低碳发展战略与转型路径研究》，中国实现 2060 年碳中和目标的投资需求在百万亿级左右。由于新能源汽车成本显著高于传统燃油汽车，新能源电力也会增加诸多成本，电动替代、清洁能源、绿色材料等都需要较大的社会投资。初步预计到 2030 年，需要 3 万亿的投资来推动汽车产业的低碳转型。为此，要完善有利于汽车低碳转型的投融资体系，充分发挥资本市场的作用，为汽车及相关产业的低碳发展提供经济支持。

1）建立绿色金融投融资标准。为将资本引向绿色低碳发展的经济活动，对汽车制造、汽车交通、车用材料、车用能源相关经济活动的碳排放进行评估，确定相关的低碳技术标准，识别高碳、低碳、负碳的经济活动。

2）健全气候信息披露机制。对汽车企业、材料企业、能源企业应对气候变化表现进行科学评价，帮助利益相关方，包括公众、投资者、监管机构和政策制定者，了解企业碳减排的目标和行动。完善环境、社会责任和公司治理（Environment、Social Responsibility、Corporate Governance，ESG）工作机制，构建具有中国特色的 ESG 信息披露规则，客观开展 ESG 绩效评级，引导金融机构主动识别和控制与碳中和密切相关的风险，扩大对绿色领域的投资规模。

2. 建立基于零碳发展的市场公平竞争环境

1）建立低碳产品评价体系。应以全生命周期碳排放为统一尺度，建立针对不同汽车技术路线产品的评价体系。政府坚持技术中性，不指定特定的技术路线，而是支持一切可以达到低碳发展目标的产品和技术的发展。

2）产业发展和管理坚持目标导向。可设定零碳发展的目标，一视同仁地支持可以达到零碳目标的技术路线发展。可将新能源汽车定义为使用新能源、能达到零碳或净零碳排放的汽车,并支持一切采用新能源、能达到零碳的汽车的发展。

3)建立基于碳排放量的汽车税制。当前乘用车消费税、车船税的征收以气缸容量为计税依据,2030年左右可以将碳排放强度(单车行驶碳排放)作为计税依据,对高碳汽车、低碳汽车按照差别化税率征收。

4)对车用能源进行差别化的征税。2030年左右引入碳税,对碳排放强度较高的燃料征收碳税,财政收入作为支持新能源电力的发展基金。2030年后新能源汽车保有量占比超过20%,应基于充电量筹集道路建设相关资金,可对高碳、低碳的电力设定差别化的征收政策。

5)鼓励不同所有制企业的低碳发展。低碳发展需要各类企业的共同行动,应鼓励国有企业、民营企业、外资企业、合资企业等共同推进汽车及相关产业的低碳转型。

3. 研讨推动低碳转型的管理制度

对实现绿色能源平价后仍难以实现低碳转型的领域,建议加大能源双控、碳总量和碳排放强度管控的工作力度,逐步提高地方政府的可再生能源电力消纳等要求。

借鉴要求燃油汽车企业必须生产一定比例新能源汽车的双积分管理机制,要求车用材料企业、车用能源企业、道路运输企业、基础设施企业生产或供应一定比例的低碳材料和低碳能源。

通过减少城市停车位、市中心核心区设置无车区、扩大步行和自行车道、营造可行走城市等措施,减少私人小汽车的使用,从而降低交通碳排放。

4. 建立汽车、交通、材料与能源的低碳协同机制

汽车、材料、能源等行业的管理部门应建立推进汽车协同减碳的工作机制。鼓励整车企业发挥"龙头"作用,建立全供应链减碳理念,加强产业链上下游联动与协同,开展低碳技术研发与资源再生回收利用合作。在原材料生产、能

源生产、汽车制造、汽车使用、汽车废弃等多个环节，确定减碳主体，明确减碳责任，既要"铁路警察各管一段"，又要发挥协同作用，推进汽车全燃料周期的减碳工作。深入开展基于生命周期的汽车产品碳排放管理体系的研究工作，探索建立包括原材料获取、关键零部件制造、整车制造、燃料生产、燃料使用以及回收利用等在内的全生命周期碳排放管理体系。

5. 鼓励绿色低碳新技术、新材料、新能源的研发和应用

加强对低碳零碳负碳、节能环保等绿色技术研发和推广应用的支持。积极开展低碳零碳负碳和储能新材料、新技术、新能源、新装备攻关，以及产业化、规模化应用。推进"源网荷储及通用"技术的突破，为新型电力系统的建设提供强有力的技术支撑。

10.4 小结

为实现汽车零碳之路，需要明确发展路径，本章比较了汽车制造、汽车行驶、车用材料和能源排放的减碳路径，提出面向2060年前实现碳中和汽车及相关行业的零碳"六大支柱"是：电气化、清洁能源、能效提升、结构优化、绿色材料、技术创新。到2060年建议采取"交通为先""产业协同""全面零碳"三步走战略，为落实零碳战略目标，提出了五方面的政策建议。

零碳之路，道阻且长。未来面向碳达峰碳中和目标，需要汽车整车企业、零部件企业、能源企业、材料企业、交通领域等诸多行业和领域的共同努力，也需要社会公众的积极参与，才能最终实现汽车产业的绿色低碳可持续发展。

参考文献

[1] 碳达峰碳中和工作领导小组办公室，全国干部培训教材编审指导委员会办公室．碳达峰碳中和干部读本［M］．北京：党建读物出版社，2022．

[2] 张燕龙，刘畅，刘洋．碳达峰与碳中和实施指南［M］．北京：化学工业出版社，2021．

[3] 王灿，张九天．碳达峰 碳中和 迈向新发展路径［M］．北京：中共中央党校出版社，2021．

[4] 中华人民共和国国务院新闻办公室．节能和新能源汽车产业发展规划［R/OL］．（2015－09－25）［2022－10－12］．http：//www.scio.gov.cn/32344/32345/32347/33535/xgzc33541/Document/1450371/1450371.htm．

[5] 中国汽车技术研究中心，日产（中国）投资有限公司，东风日产有限公司．新能源汽车产业发展报告（2014）［M］．北京：社会科学文献出版社，2014．

[6] 中华人民共和国生态环境部．中国气候变化第三次国家信息通报及第二次两年更新报告核心内容解读（2019－07－01）［2022－10－12］．https：//www.mee.gov.cn/ywgz/ydqhbh/wsqtkz/201907/t20190701_708248.shtml．

[7] 薛露露，刘岱宗．迈向碳中和目标：中国道路交通领域中长期减排战略［R/OL］．（2022－05－25）［2022－10－12］．https：//wri.org.cn/research/decarbonizing-china-road-transport-sector．

[8] 刘虹辰．特斯拉生产制造革命：一体化压铸［EB/OL］．（2022－05－12）［2022－10－12］．https：//www.sohu.com/a/546270229_121117085．

[9] 四川省发展和改革委员会．关于2022年新建风电、光伏发电项目上网电价政策有关事项的通知（川发改价格〔2022〕194号）．［EB/OL］（2022－04－26）［2022－10－12］．http：//fgw.sc.gov.cn/sfgw/tzgg/2022/4/26/7f97f4d664b54a22b2f5cd6ed83b5fa9.shtml．

[10] 帅石金，王志，马骁，等．碳中和背景下内燃机低碳和零碳技术路径及关键技术［J］．汽车安全与节能学报，2021，12（4）：417－439．

[11] 中国新闻网. 工信部: 近期将发布实施有色金属、建材行业碳达峰方案 [EB/OL]. (2022-09-02) [2022-10-12]. https://baijiahao.baidu.com/s?id=1742845392442008273&wfr=spider&for=pc.

[12] 王维. 车用材料现状及发展新趋势 [J]. 新材料产业, 2018 (10): 8-12.

[13] 刘文华, 何天明. 高强度钢在汽车轻量化中的应用 [J]. 汽车工艺与材料, 2008 (11): 49-51.

[14] 微辣车评. 车用铝合金的主要种类 [EB/OL]. (2022-05-16) [2022-10-12]. https://news.yiche.com/hao/wenzhang/67241678/.

[15] 比尔·盖茨. 气候经济与人类未来 [M]. 北京: 中信出版社, 2021.

[16] 小野山修平. 日本制铁株式会社日本制铁为实现零碳钢的挑战. [C] //中国金属学会. 第十三届中国钢铁年会论文集. 北京: 冶金工业出版社, 2010.

[17] 盖世汽车网. 轻量化如何兼顾安全性？高强"绿"钢或成破局点. [EB/OL]. (2022-09-01) [2022-10-12]. http://finance.sina.com.cn/roll/2022-09-01/doc-imiziraw0615550.shtml.

[18] DAS S. Achieving carbon neutrality in the global aluminum industry [J]. JOM, 2012, 64 (2): 285-290.

[19] 安泰科. 跨国铝业公司碳减排路径分析及对我国铝行业的启示 [EB/OL]. (2021-07-16) [2022-10-12]. http://al.iyunhui.com/news-460886/.

[20] 中国汽车工程学会. 节能与新能源汽车技术路线图2.0 [M]. 北京: 机械工业出版社, 2020.

[21] 国家统计局. 能源年度数据 [DS/OL]. [2022-10-12]. https://data.stats.gov.cn/easyquery.htm?cn=C01.

[22] 刘朝全, 姜学峰, 吴谋远. 2021年国内外油气行业发展报告 [M]. 北京: 石油工业出版社, 2022: 59.

[23] 中能传媒研究院. 中国能源大数据报告 (2022) [R]. 2022: 37-38.

[24] 中国汽车技术研究中心, 国家信息中心, 大众汽车（中国）投资有限公司. 中国汽车社会发展报告 [M]. 北京: 机械工业出版社, 2016.

[25] 国家能源局. 国家能源局监管公告2015年第1号（总第18号）2011—2013年全国跨区跨省输电线路损耗情况通报 [R/OL]. (2015-03-16) [2022-10-12]. http://zfxxgk.nea.gov.cn/auto92/201503/t20150330_1896.htm.

[26] lhjwd. 煤电、燃气发电、水电、光伏发电、风电等的碳排放怎样？［EB/OL］. （2022－02－09）［2022－10－12］. http：//www.360doc.com/content/22/0209/18/3569526_1016610968.shtml.

[27] 中国电力企业联合会. 2022中国电力行业年度发展报告［R］. 北京：中国建材工业出版社，2022.

[28] 美国阿贡国家实验室. GREET Model［EB/OL］. （2021－11－01）［2022－10－12］. https：//greet.es.anl.gov/.

[29] 曹湘洪. 炼油行业碳达峰碳中和的技术路径［J］. 炼油技术与工程. 2022，52（1）：1－10.

[30] 能源与交通创新中心. 从特斯拉的巨额积分收益再看"双积分政策"［EB/OL］. （2021－03－15）［2022－10－12］. http：//www.cnenergynews.cn/peixun/2021/03/15/detail_2021031593228.html.

[31] 王云石. 加州零排放汽车二期法规介绍［EB/OL］. （2022－08－27）［2022－10－12］. https：//mp.weixin.qq.com/s/YrOAA－hDp7KJjaJmCR2tiw.

[32] 高工锂电网. 宁德时代动力电池全流程零碳转型实践［EB/OL］. （2022－08－09）［2022－10－12］. https：//www.gg-lb.com/art-45167.html.

[33] 吉利控股集团. 吉利控股集团2021年可持续发展报告［R/OL］. （2022－06－27）［2022－10－01］. http：//zgh.com/geely-esg/.

[34] 胡剑波，胡潇，任亚运. 碳税征收的国际经验及对我国的启示［J］. 改革与战略，2015，31（8）：191－195.

[35] 陈旭东，鹿洪源，王涵. 国外碳税最新进展及对我国的启示［J］. 国际税收，2022（2）：59－65.

[36] 周剑，何建坤. 北欧国家碳税政策的研究及启示［J］. 环境保护，2008，22（36）：70－73.

[37] 葛杨. 碳税制度的国际实践及启示［J］. 金融纵横，2021（4）：48－54.

[38] 鲁书伶，白彦峰. 碳税国际实践及其对我国2030年前实现"碳达峰"目标的启示［J］. 国际税收，2021（12）：21－28.

[39] 尤超英. 国际碳税实践及其对我国碳税设计的启示［J］. 兰州教育学院学报，2017，33（3）：58－60.

[40] 丁成林，柴红艳，刁新斌. 碳税征管的国际实践及经验借鉴［J］. 金融纵横，

2021 (9): 66-70.

[41] 马蔡琛, 苗珊. 后哥本哈根时代全球环保税制改革实践及其启示 [J]. 税务研究, 2018 (2): 34-40.

[42] World Bank. State and Trends of Carbon Pricing 2020 [R]. Washington: World Bank, 2020.

[43] 于斐. 全球碳税最新进展: 覆盖更多国家 税率不断提高 [EB/OL] (2021-06-16) [2022-10-12]. https://baijiahao.baidu.com/s?id=1702685055758235129&wfr=spider&for=pc&searchword=2021%E5%BE%B7%E5%9B%BD%E7%A2%B3%E7%A8%8.

[44] 乔英俊, 赵世佳, 伍晨波, 等. "双碳"目标下我国汽车产业低碳发展战略研究 [J]. 中国软科学, 2022 (6): 31-40.

[45] 郝皓, 陶世鹏. 绿色低碳背景下新能源汽车产业发展研究 [J]. 中国商论, 2022 (5): 145-147.

[46] 张铜柱, 温楠. 汽车企业碳中和实施方案研究 [J]. 汽车文摘, 2021 (11): 1-6.

[47] 姚明涛, 熊小平, 赵盟, 等. 欧盟汽车碳排放标准政策实施经验及对我国的启示 [J]. 中国能源, 2017, 39 (8): 25-30, 38.

[48] 周亚兰, 龚本刚, 张孝琪. 汽车生产过程中能源消耗的碳排放计算与分析 [J]. 巢湖学院学报, 2014, 16 (3): 92-98.

[49] 汪军. 碳中和时代 [M]. 北京: 电子工业出版社, 2021.

[50] 冯屹. 面向碳中和的汽车行业低碳发展战略与转型路径 (CALCP 2022) [M]. 北京: 机械工业出版社, 2022.